선생님!
수업시간에
자면왜?
안돼요

학교 생활 규정으로 하는 권리교육

선생님!
수업시간에
자면 왜
안돼요?

제1판 제1쇄 발행 2021년 10월 18일

지은이   따돌림사회연구모임 권리교육팀
펴낸이   강봉구

펴낸곳   작은숲출판사
등록번호 제406-2013-000081호
주소   10880 경기도 파주시 신촌로 21-30(신촌동)
서울사무소 04627 서울시 중구 퇴계로32길 34
전화   070-4067-8560
팩스   0505-499-8560
홈페이지 http://www.littleforestpublish.co.kr
이메일   littlef2010@daum.net

ⓒ 따돌림사회연구모임 권리교육팀

ISBN 979-11-6035-123-1   03370
값은 뒤표지에 있습니다.

선생님! 수업시간에 자면 왜 안돼요?

학교생활규정으로 하는 권리교육

작은숲

머리말

1

최근 민주 시민 교육이 강조되고 있다. 교육부는 2018년 12월 '민주 시민 교육 활성화를 위한 종합계획'을 발표했고, 시도 교육청에서도 민주 시민 교육을 활성화하기 위한 계획들을 실행에 옮기고 있다. 일선 학교에서 변화를 체감하긴 어렵지만 교육당국이 민주 시민 교육을 중시하는 것은 사실인 것 같다. 대체 민주 시민 교육이 뭘까? 위 종합계획에서 교육부는 민주 시민 교육의 개념을 다음과 같이 밝히고 있다.

"비판적 사고력을 가진 주체적인 시민이 민주주의의 가치를 존중하고 서로 상생할 수 있도록 민주시민으로서의 역량을 향상시키는 교육"

뭔가 그럴듯하게 써 놓긴 했는데 뜻이 잘 통하지 않는다. 애써 이해해 보자면 학생들로 하여금 민주 시민으로서의 역량을 갖추게 하는 것, 그 것이 교육부가 말하는 민주 시민 교육인 듯하다. '민주 시민'은 어떤 사람이고 '민주 시민으로서의 역량'은 또 뭘까? 혹시 민주 시민 교육을 테마로 한 책들을 살펴보면 이해하는 데 도움이 될까 싶어 목차를 살펴보았다.

유럽 각국의 시민 교육이 어떻게 이뤄지고 있는지 살펴보면서 우리 현실을 평가하는 책, 독일의 보이텔스바흐 합의를 소개하면서 논쟁 수업을 강조하는 책 등이 눈에 띄었고, 혐오나 차별 현상을 다루면서 존중, 공존 등을 강조하는 듯한 책도 보였다. 이러한 책들에서 꿈꾸는 바람직한 인간, 즉 민주 시민은 다른 사람을 존중하는 태도를 바탕으로 사회적 의사 결정에 참여하는 사람 정도가 아닐까 싶다. 악플 등 혐오 표현, 기후, 난민, 노숙인 등을 다룬, 얼마 전 모 방송사에서 민주 시민 교육을 주제로 만든 다큐멘터리도 비슷한 맥락이라고 볼 수 있다. 그동안 우리 교육이 정치적 중립을 이유로 사회 이슈를 다루는 데 소극적이었던 점을 생각해 보면 귀 기울여 볼 만한 주장이다. 그러나 개인의 권리, 공정성 등에 관심이 많은 최근의 경향에 비춰 보면 좀 더 직접적으로 학생들의 삶에 연관된 문제에서 출발할 필요가 있지 않나 싶다.

그래서 우리는 '권리 교육'이 필요하다고 생각한다. 학생으로서, 수험생으로서, 소비자로서, 승객으로서, 국민으로서 어떤 권리가 있는지, 타인의 권리를 보장해 주기 위해 내가 져야 하는 의무는 무엇인지를 알게 하는 것, 부당한 권리 침해에 저항하고 정당한 의무를 기꺼이 이행하려는 태도를 갖게 하는 것, 부당한 규범을 없애거나 필요한 규범을 만드는 데 적극적으로 참여하게 하는 것이 권리교육이다.

권리교육은 무엇을 가지고 해야 할까? 학교 생활 규정이다. 학교 생활 규정은 학생의 권리와 의무를 명시하고 있다. 용의 복장, 수업 중 태도, 학생 자치, 징계 등을 다루고 있다. 학교 생활 규정에 대해 비판적으로 검토하고 개정에 적극적으로 참여하고 규정을 지키도록 함으로써 학생들은 지역 사회 구성원으로, 국민으로, 주권자로 살아갈 수 있게 될 것이다.

2

1부에서는 학교 생활 규정이 왜 중요한지 밝히고 현재의 학교 생활 규정이 어떤 점에서 문제가 있는지에 대해 검토했다. 학교장과 교사의 자의적 권력이 지배하던 과거의 교실에서도, 때로는 학생이 때로는 학부모 민원이 때로는 교사가 지배하는 현재의 교실에서도 학교 생활 규정은 주목받지 못하고 있다는 점을 지적하고, 학교 생활 규정에 주목함으로써 평화로운 교실을 만들 수 있다는 점을 이야기했다. 현재의 학교 생활 규정은 추상적이어서 그 해석을 두고 교사와 학생 사이에 심심치 않게 다툼이 발생한다. 교육당국은 민주적 절차를 강조하지만 토론 자료를 제공하거나 토론이 가능한 시간을 확보하는 데는 소홀하다. 이러한 문제점을 극복하기 위해서 무엇이 필요한지 제시했다. 교사들이 흔히 갖는 의문과 문제의식을 제시하고 그에 대해 의견을 나누는 좌담 형식으로 썼다.

2부에서는 학교 생활 규정에서 학생과 교사의 관심이 집중되는 주제 다섯 가지에 대한 토론 자료를 제시했다. 안타깝게도 현재의 교육과정에서 심도 깊은 토론을 통해 학교 생활 규정을 개정하는 것은 불가능에 가깝다. 토론이 그나마 가능한 자율 활동 시간은 시간이 많지 않은 데다가 의무적으로 해야 하는 여러 가지 교육에 활용되고 있다. 교과 수업 시수를 더 줄이고 자율 활동 시간을 더 늘릴 수 있다면 좋겠지만 현실은 녹녹치 않다. 그러기 어렵다면 교과 수업 시간을 활용해야 한다.

2부에서 다루고 있는 주제는 수업 불참, 교복, 휴대 전화, 화장, 욕설이다. 각 자료는 학교에서 흔히 발생하는 에피소드, 주제와 관련한 학교 생활 규정 및 관련 법령, 주제와 관련하여 교사, 학생, 학부모의 의식을 조사하기 위한 설문지, 토론 자료, 개별 토론 수업 또는 모둠 토론 수업 시에 학생들에게 안내할 자료의 순서로 구성되어 있다.

에피소드는 학교에서 발생할 수 있는 전형적인 상황을 제시하였다. 흥미를 유발하고 토론 주제를 인지하는 데 도움이 될 것이다.

학교 생활 규정을 제시한 부분에는 각 학교 규정을 넣으면 된다. 다른 학교의 규정을 함께 제시하면 학교별 공통점과 차이점을 비교할 수 있어서 좋다. 학교 생활 규정은 헌법, 교육 기본법, 초중등 교육법, 학생 인권 조례 등의 범위 안에서 제정되므로 관련 법령을 제시해 주고 학교 생활 규정이 상위 법령의 취지를 살리고 있는지, 혹시 상위 법령의 범위에서 벗어나지는 않았는지, 더 나아가서는 상위 법령을 바꿀 필요는 없는지 등을 생각해 보게 할 필요도 있다.

규정을 개정하는 데 있어서 여론도 중요하다. 그러므로 교사, 학생, 학부모의 인식을 조사하고 공통점과 차이점을 확인해야 한다. 그런데 설문조사를 실시하는 학교 대부분이 선호도 조사에 그치는 경우가 많다. 어떤 권리의식을 갖고 있는지, 어떻게 하는 것이 더 바람직하다고 생각하는지, 그것이 더 바람직하다고 생각하는 이유는 무엇인지도 물을 필요가 있다. 책에 제시한 설문지를 바탕으로 학교 현실에 따라 수정하여 활용하면 된다. 스마트폰이 대중화된 지금은 온라인 설문조사를 활용하면 바로 확인도 가능하고 통계를 내기도 쉽다. 학생 설문의 경우 수업 시간에 하면서 실시간으로 결과를 확인하면 좋고, 학부모 설문의 경우 문자 메시지를 보내면 쉽게 참여를 유도할 수 있다. 교사 설문은 학교 내부 통신망을 활용하면 된다. 휴대 전화 소지 및 사용과 관련한 토론 자료 뒷부분에 설문조사 결과 예시를 실어 놓았다.

이 책에서 가장 공을 많이 들인 부분은 토론 자료 부분이다. 학교 생활 규정 개정을 위한 토론을 해 보면 알겠지만 10년 전이나 지금이나 토론 수준이 비슷하다. 학생 목소리를 일방적으로 찍어 누르기 어려운 상황이 되었다는 것만 다를 뿐, 빈약한 근거를 가지고 극단적 주장을 하는 것은 예나 지금이나 비슷하다. 과거에는 교복을 입어야 학생답다는 주장이 강했다면, 최근에는 복장 규제를 반대하는 사람들은 학생다움이 실체에 의문을 제기하며 복장 규제가 학생을 통제하기 위한 구실에 지나지 않는다고 말한다. 토론할 때 '복장에는 어떤 사회적 기능이 있는가?' '표현의 자유를 제한한다면 어느 정도까지 제한할 수 있는가?' '학교 생활에서 사생활은 어느 정도 보장되어야 하는가?' 등과 같은 질문이 깊이 있게 다뤄져야 하는데 그렇지 못하다.

우리는 교육부, 교육청, 국가인권위원회가 이런 질문에 대해 어떤 입장을 가지고 있는지 알아 보았다. 어느 정도 예상은 했지만 결과는 실망스러웠다. 한마디로 학생의 자유를 최대한 보장해 주라는 기조 하에 두루뭉술한 태도를 보였다. 예를 들면 국가인권위원회는 학생의 복장과 용모에 대한 제한과 단속은 최소한의 범위 내에서 해야 하며 교육 목적상 필요한 경우에만 제한과 단속을 할 수 있다고 하였는데, 교육 목적상 필요한 경우가 어떤 경우인지에 대해서는 밝히지 않았다. 교육부의 지침이나 국가인권위원회의 권고안을 분석하던 우리는 이 기관들이 무책임한 태도를 보이면서 학교를 더욱 혼란스럽게 했다고 판단하고 구체적인 입장을 직접 물어보았다. 관계 기관들은 두루뭉술한 태도를 보이면서 마치 학교의 자율성을 존중해 주는 것인 듯 말했다. 그러므로 관계 기관에 질의할 때는 입장을 구체적으로 밝히도록 요구함으로써 그들의 책임의식을 높일 필요가 있다. 이 책의 토론 자료에는 관계 기관들에게 묻고 답변받은 내용이 반영되어 있다. 이 책을 읽는 교사들이 관계 기관에 질의할 경우 질의 내용은 최대한 구체적이어야 한다. 질문 자체를 포괄적으로 하면 돌아오는 답은 더욱 모호할 뿐더러 구체적으로 질문해도 애매한 답이 돌아오는 경우가 많기 때문이다. 관계 기관에 질의하고 답변받은 내용은 따돌림사회연구모임 홈페이지(http://antibullyingsociety.com/) 자료실을 참고하시기 바란다.

토론 자료에는 여러 쟁점에 관한 언론 보도 자료, 논문 등도 반영되어 있다. 외국 사례를 싣기도 했다. 미국, 영국 등 서구사회는 학생의 자유를 최대치로 허용하고 있을 것 같지만 조사 결과는 그렇지 않았다.

수업 안내 자료는 두 가지를 제시하였다. 하나는 개별 학생들이 주제에 대해 토론문을 작성하여 제출하거나 발표하게 할 때 쓸 수 있는 것으로 발표 후 질의 응답, 반론 등을 진행할 수 있다. 다른 하나는 모둠 토론 방식으로 수업할 때 쓸 수 있는 것으로, 이 책에서는 4모둠일 때를 가정하여 네 가지 입장을 제시했다. 대개 모둠 토론은 찬반 토론 형식으로 진행하는 경우가 많은데, 찬반 토론은 극단적 사고를 조장하는 경향, 즉 극단적인 자유주의 입장을 갖게 하거나 통제와 처벌을 위한 입장을 갖게 하기 쉬우므로 모둠 수만큼의 입장을 만들어 토론하는 것이 좋다. 제시된 네 가지 입장을 그대로 써도 좋지만 학교 사정에 따라 내용을 바꾸어 사용하는 것도 좋다.

3부에서는 선도위원회 운영의 문제점과 바람직한 방향을 제시했다. 학교 생활 규정 위반이 누적되거나 위반 정도가 심각한 경우 학생은 선도 처분을 받는다. 사안 조사 과정, 심의 과정, 결과 통보, 결과 이행 과정 모두가 교육적이어야 하지만 여러 가지 이유로 그렇지 못할 때가 많다. 어떤 이유들이 있는지 짚고, 제한된 조건 하에서나마 교육적인 선도 처분을 하기 위해서 무엇을 어떻게 해야 하는지를 다루었다.

부록에는 세 가지 내용을 담았다.

먼저 2부 내용을 활용하여 실제로 수업한 사례를 실었다. 어떻게 수업할 것인지 구상하는 데 도움이 되리라 기대한다. 필자들도 수업을 해 보면서 부족한 부분을 보완하고 더 나은 방안을 찾았다. 더 훌륭한 수업 사례들이 많이 나오길 기대한다.

두 번째로는 학교 생활 규정 주요 조항에 관한 해설 자료를 실었다. 각 조항은 학교 실정, 교사, 학생, 학부모 입장, 학교가 중시하는 교육적 가치 등이 고려되어 만들어진다. 그러나 규정이 제정된 뒤에 규정을 보는 사람들은 각 조항이 무엇을 고려하여 만들어졌는지 알 수 없다. 그러므로 주요 조항에 대한 해설 자료를 만들어 학생 교육에 활용하면 규정에 대한 이해도를 높이고 규정을 준수하려는 태도를 길러 줄 수 있고, 비판적으로 바라보게 하는 데도 도움이 될 것이다.

세 번째로는 학교 생활 규정에 대해 학생들이 흔히 문제 제기하는 내용과 그에 대한 적절한 답변을 실었다. 교사는 자신이 당연하다고 여기는 것에 관하여 학생들로부터 "저 어차피 휴대폰 쓰다가 걸린 거 누적돼서 징계받아야 하니까 그냥 계속 쓸래요." 같은 질문을 받으면 당황

할 뿐만 아니라 때로는 화도 난다. 이 부분을 읽고 나면 학생들의 웬만한 문제 제기에는 당황하지 않고 답해 줄 수 있을 것이다. 학년 초에 학교 생활 규정에 관한 교육 자료로 활용해도 좋다.

3

이번에 다루지 못한 주제들이 있다. 흡연과 조롱에 대한 토론 수업 자료인데, 특히 조롱은 점점 더 심각해지고 있다. 조롱은 상대에게 모욕감을 느끼게 하여 심리적 고통을 주지만 장난으로 위장되기 때문에 대처할 방법이 마땅치 않다. 다들 문제라고 느끼는 주제이지만 막상 수업 자료를 만들기 쉽지 않은 주제이다. 토론 수업에 이어서 실제 규정을 개정하는 사례도 만들고 싶었는데 사정이 허락되지 않았다. 최근 숙의 민주주의라는 말이 많이 쓰인다. 절차는 지켰으나 구성원의 태도 변화, 가치관의 변화로 이어지지 않는 문제를 어떻게 해결할 것인가 하는 고민이 담긴 말이다. 수업을 통한 토론 과정을 거친 후에 규정을 개정하면 이런 문제점을 개선하는 데 도움이 될 것이다.

모쪼록 이 책이 학교 생활 규정에 관한 쓸 만한 수업 자료, 토론 자료를 원하던 선생님들께 도움이 되었으면 좋겠다. 학교 생활 규정에 대해 의문을 갖는 학생이나 학부모님께도 좋은 참고 자료가 되길 바란다.

학교 생활 규정의 개별 조항을 볼 때는 무척 단순해 보였는데 수업을
하고 나니 수많은 생각들이 부딪히고 조정되는 과정에서 만들어져야
하는 것임을 알게 되었다는 학생의 소감을 읽으면서 필자들은 보람을
느꼈다.

눈 감고 싶은 마음, 포기하고 싶은 마음을 뒤로 하고 그래도 교실에서
희망을 찾아야 한다고 생각하는 분들에게 연대의 마음을 담아 이 책을
드린다.

차례

2 학교 생활 규정 토론 자료

3   *선도 규정과 선도위원회*

4   부록

학교생활규정에
주목해야 하는
이유

학교생활규정,
무엇이
문제인가?

1

학교생활규정,
왜
중요한가?

학교생활규정에
주목해야 하는
이유

사회자　　　우리가 이 자리에 모인 이유는 학교 생활 규정에 대한 이야기를 나누기 위해서입니다. 학교 생활 규정이 현재의 학교 교육에서 갖는 의미는 무엇인지, 학교 생활 규정은 어떻게 변해왔는지, 우리가 학교 생활 규정에 주목해야 하는 이유는 무엇인지에 대해 선생님들의 생각과 의견을 나누고 함께 살펴보도록 하겠습니다. 논의를 시작하기에 앞서 학교 생활 규정이 무엇이고 어떤 내용을 담고 있는지 정리하고 넘어가야 할 것 같은데요. 누가 먼저 말씀해 주시겠습니까?

이평화 교사　　먼저 명칭부터 정리를 해야 할 것 같은데요. 흔히 교칙으로 알려져 있는데 제가 근무하는 학교의 소속 교육청에서는 학생 생활 규정이라고 하고 경기도교육청에서는 얼마 전부터 학교 생활 인권규정으로 명칭을 바꾸었습니다. 학교에선 그냥 생활 규정이라 부르기도 하고요. 정확한 명칭이 무엇인가요?

정사랑 교사　　교육청에 따라 부르는 명칭이 조금씩 다르고 학교마다 다르기도 한데요. 교육부에서 발간한 관련 자료를 살펴보니 학교 생활 규정이라는 명칭을 사용하고 있습니다.

사회자　　　그러면 용어의 통일을 위해서 저희도 학교 생활 규정이라는 명칭을 사용하도록 하겠습니다.

최정의 교사　　　많은 사람들이 학교 생활 규정이 예전부터 학교에 존재해 왔기 때문에 그런 게 있나 보다하고 생각하기 쉬운데요, 학교 생활 규정이 어떤 법률적 근거에 의해 만들어졌는지도 함께 살펴볼 필요가 있지 않을까요?

김우정 교사　　　학교 생활 규정은 우리가 흔히 학칙이라고 부르는 학교규칙의 일부라고 볼 수 있습니다. 다 아시겠지만 학교규칙이라는 것은 학교라는 조직 내에서 그 구성원들이 지켜야 할 규범을 말하는데요 우리나라 초·중등교육에 관한 사항을 정한 법률인 초·중등교육법에서 학교규칙을 정하도록 하고 있습니다. 학교규칙에 어떤 내용이 들어가야 하는지는 초·중등교육법시행령 제9조제1항에 나열되어 있는데요 크게 '학교 운영에 관한 사항'과 '학생 생활에 관한 사항'으로 나눠집니다. 이 중에서 '학생 생활에 관한 사항'을 학교 생활 규정이라고 부릅니다.

이평화 교사　　　김 선생님께서 언급하신 초·중등교육법시행령 제9조제1항에 열거된 내용을 살펴보니 7호에 "학생 포상, 징계, 교육목적상 필요한 지도 방법 및 학교 내 교육·연구활동 보호에 관한 사항 등 학생의 학교 생활에 관한 사항", 8호에 "학생자치활동의 조직 및 운영"이라고 되어 있네요. 이 부분을 포함하고 있는 것이 학교 생활 규정이군요.

김우정 교사　네, 맞습니다. 학교마다 조금씩 포함되는 내용은 다르겠지만 대체로 교내 생활, 교외 생활, 정보통신, 학생자치활동, 생활 지도, 선도와 관련된 내용들이 담깁니다. 원래는 학교 폭력과 관련된 내용, 교사의 지도와 관련된 내용도 포함되어 있었으나 2004년 학교 폭력법이 제정되면서 학교 폭력 부분이 따로 분리되었고, 이후 교원지위법이 개정되면서 교권 침해 부분도 따로 분리되었습니다.

이평화 교사　언뜻 보면 학교 생활 규정이 학생들이 지켜야 할 의무만 나열된 것 같은데 사실 보장받아야 할 권리의 내용도 담고 있어야 합니다. 학생들을 수동적인 존재로 여겼던 과거와는 달리 요즘은 학생들을 권리의 주체로 인정하기 때문에 학교에서 학생들이 누려야 할 권리의 내용이 포함되어야 하는 거죠.

김우정 교사　정리하면 학교 생활 규정이란 학생들이 학교 생활을 하는 데 있어서 보장 받아야 할 권리와 지켜야 할 의무를 폭넓게 담은 것이라 할 수 있습니다. 학생의 권리나 의무뿐만 아니라 교사의 생활 지도 권한과 방법 등을 담고 있기 때문에 사실 학생과 교사 모두에게 매우 중요한 것이라 할 수 있죠.

주제 1
교사들이 느끼는 생활 지도의 어려움

사회자   지금까지 학교 생활 규정이 무엇인지, 어떻게 구성되어 있는지 간단히 살펴보았습니다. 이어서 우리가 왜 학교 생활 규정에 주목해야 하는지 이야기를 나눠보면 좋겠습니다. 학교 생활 규정에 대해 평소 선생님들이 경험한 내용이나 선생님들의 생각에 관해 이야기를 나누는 것으로 논의의 물꼬를 터 볼까 합니다. 학교 생활 규정이나 생활 지도와 관련해 어려웠던 점들을 편하게 말씀해 주시면 좋겠습니다.

최정의 교사   학교에서 아이들을 지도하다 보면 평소 규칙을 지키지 않는 아이들이 너무 많습니다. 그냥 규칙을 지키지 않아도 문제인데 이걸 바로 잡으려고 지도를 하면 되레 반항을 합니다. 아이들이 거칠게 반항할 때는 너무 화가 나기도 하고 그 과정에서 상처도 많이 받습니다.

이평화 교사 특히 수업 시간에 잠을 잔다거나 규정에 어긋나는 용의 복장 같은 것은 남에게 피해를 주는 것이 아니기 때문에 그렇게 해도 된다고 생각하는 아이들이 많아요. 아이들 말고도 어른들도 그렇게 생각하는 경우가 꽤 있고요.

최정의 교사 저조차도 그렇게 생각하던 시절이 있었어요. 아이들마다 적성과 흥미가 다른데 모든 교과 수업에 집중하라고 하는 것은 개인의 특성을 무시하는 전체주의적 발상 아닌가라는 생각마저 했습니다. 그래서 수업에 참여하지 않고 엎드려 있거나 과제나 수행평가를 하지 않는 것은 오로지 학생 개인의 선택이지 교사가 이래라 저래라 할 사항이 아니라 생각했어요. 요즘에는 다들 그렇잖아요, 진로가 확실하면 공부 안 해도 되고, 공부는 할 사람만 하는 거라고.

김우정 교사 맞아요, 수업 시간에 잠을 잔 얘기를 우스갯소리로 하고, 영화나 드라마 장면으로도 자주 연출하죠.

최정의 교사 네, 저도 그 정도 인식 수준이었던 것 같아요. 수업 시간에 잠을 자는 게 다른 아이들에게 피해를 주는 것도 아니고 그냥 학생 개인의 선택 아닌가하는 생각을 했었죠. 얼마나 힘이 들면 잠을 잘까하는 안쓰러운 맘도 들었고요. 그래서 수업 시간에 학생이 잠을 자도 내버려두었어요. 그런데 아이들에게 저의 수업 시간은 '잠을 자도 되는 시간'이 되어 버려서 자는 아이들이 점점 많아졌어요.

박희망 교사 선생님들도 다 아시겠지만 잠은 점점 전염되어 퍼져 나가죠. 주변 상황을 신경 쓰지 않고 나만 잘하면 된다는 말도 맞지만 전체적인 분위기에 영향 받지 않는 사람은 없습니다. 공동체 생활에서 개인의 행위는 절대로 개인의 행위로 끝나지 않아요.

김우정 교사   저도 최정의 선생님처럼 개인의 생활을 학교가 이래라 저래라 규정해선 안 된다고 생각하던 시절이 있었습니다. 수학여행 때였는데요, 학년부장을 맡은 선생님께서 음주 단속을 철저히 하라고 하셨어요. 저는 '지도를 한다고 애들이 안 마시겠어? 술 취해서 문제를 일으키지만 않으면 되는 거지'라고 생각해서 소지품 검사, 방 검사를 대충했었어요. 지도를 열심히 하시는 선생님을 흔히 요즘에 말하는 '꼰대'처럼 보기까지 했습니다.

정사랑 교사   네, 생활 지도를 열심히 하시는 선생님을 '그래봤자 애들안 잡혀. 남에게 피해만 안 주면 되지'라며 좀 쓸데없는 짓을 하고 있다고 보시는 분들이 계시죠. 뭔가 본인들이 더 아이들을 잘 이해하는 교사인 양 말이에요.

이평화 교사   학년부 협의회에서 학년 생활 지도에 대한 논의를 하잖아요. 그럴 때 개인적으로 동의가 안 되는 것들이 있었어요. 특히 용의 복장 규정과 관련된 것이 많은데요. '교복에 넥타이 좀 안 맬 수도 있지, 교복 자켓을 입지 않은 채로 그 위에 패딩을 입을 수도 있지, 그런 것들을 왜 금지해야 하나?'라고 생각했습니다. 그래서 학년부 협회의 때는 이의 제기를 하지 않고 가만히 있다가 실제로 아이들을 대할 때에는 그런 것들을 지도하지 않았습니다. 그러자 아이들은 넥타이, 패딩 등 복장을 지도하는 다른 선생님들에게는 큰 반감을 가지고, 저는 '아이들을 이해해 주는 착한 선생님'이 되어 버렸어요. 욕 먹는 사람만 욕 먹는 거죠. 그때 저는 '나만 좋은 교사면 되는 것인가?'라고 생각을 했었습니다.

박희망 교사   용의 복장 규정에 관해서는 학부모 사이에서도 의견이 달라요. "왜 이 학교 아이들은 교복을 제대로 갖춰서 입지 않느냐?"며 불량해 보인다고 지도를 해 달라고 요구하시는 학부모가 있는가 하면 정반대의 입장을 가진 분도 많습니다.

김우정 교사   얼마 전에 좌담회를 준비하면서 인터넷에서 '교칙'을 검색해 보았어요. '황당한 교칙 랭킹 1~5위' 이런 글이 있고, 그 아래 온갖 악플이 달려 있었습니다. 학교의 규칙이라는 것이 이런 식으로 대상화되고 희화화되는 것을 보면서 교사로서 자존심도 상하고, 제가 자부심과 사명감을 가지고 하는 교육이라는 게 순간 우습게 느껴지더라고요.

정사랑 교사   소위 진보적이라고 불리는 진영에서는 학생 인권 존중을 명분으로 내세우면서 학교 생활 규정 자체를 부정적인 것으로 바라봅니다. 아예 교칙이 사라져야 한다고 생각하는 사람들도 있어요.

김우정 교사   대중 매체에서는 교칙 준수를 강조하는 교사를 비판적으로 표현하거나 희화화합니다. 주인공들이 학생부장을 따돌리고 약을 올리는 장면은 거의 고전이죠.

최정의 교사   그런 장면 너무 싫어요!

정사랑 교사 　요즘은 수업 시간에 휴대폰을 사용 못하게 하는 규정도 인권 침해, 두발 규제도 인권 침해, 방과 후에 남겨서 지도하는 것도 인권 침해, 수업을 방해하는 학생을 교실 뒤에 서 있게 하는 것도 인권 침해라고 하면서 모든 것을 인권 침해로 몰아갑니다. 교육이라는 행위의 특수성이나 교사와 학생이 교육자와 피교육자로서 맺는 특수 관계를 고려하지 않은 채 모든 것을 인권이라는 잣대로 바라보고 교사의 교육 활동에 인권 침해라는 이름을 붙여서 못하게 하는 일이 많습니다.

김우정 교사 　앞서 말한 것 같은 교칙을 희화화하는 인터넷 기사에는 '나 학교 다닐 때는 별 것도 아닌 걸로 교사에게 엄청 맞았다'와 같은 극단적인 댓글들이 달립니다.

정사랑 교사 　교육부는 인권위의 권고 사항을 어명이라도 되는 것마냥 받아들입니다. 교사들의 의견을 듣지도 않고, 교육 현장의 실태는 염두에 두지도 않고요.

최정의 교사 　인권위를 비롯하여 인권위 권고 사항에 찬성하는 사람들은 현재 학교가 무슨 1980년대처럼 절대적 권력을 가진 교사가 멋대로 학생을 지도하고 있는 줄 아나 봐요. 학교가 얼마나 많이 바뀌었는데요.

정사랑 교사 　우리나라는 교육부, 교육청, 학교장, 교사의 관계가 수직적입니다. 위에서 명령이 내려오면 아래서는 당연히 따라야 한다고 생각하고 무슨 문제가 생기면 현장에서 직접 지도하는 교사에게 모든 책임을 전가하는 구조이지요. 교사가 개입하고 지도해야 할 문제는 항상 발생하는데 상급 기관에서는 학생 인권을 내세우며 사실상 지도를 하지 말라고 하니 교사들이 어찌할 바를 모른 채 이리 치이고 저리 치이는 사이에 학교 질서는 엉망이 되고 있어요.

최정의 교사   이럴 거면 차라리 90년대 초반까지의 권위적인 학교의 모습으로 돌아가서 현재의 무질서를 회복해야 한다고 말씀하는 선생님들도 계세요. 아니면 아이들과 싸우고 싶지 않다며 생활 규정 자체가 완전히 사라졌으면 좋겠다고 말하는 분들도 계십니다. 저도 그냥 생활 지도를 포기해 버리고 싶은 마음이 들 때가 있어요.

사회자   선생님들의 말씀을 듣다 보니 현재의 학교가 굉장히 혼란스럽다는 생각이 드네요. 특히 생활 지도 측면과 관련해서는 선생님들이 현장에서 느끼는 어려움이 매우 큰 것 같습니다.

이평화 교사   논의를 더 이어가기 위해 질문을 하나 할까 합니다. '교칙'이나 '생활 규정' 보다 좀더 포괄적인 개념인 '규칙'을 생각해 봅시다. 규칙이라는 것이 전혀 없는 공동체를 생각할 수 있을까요?

정사랑 교사   가장 기본적인 공동체라 할 수 있는 게 가족인데, 가족 내에서도 암암리에 규칙은 존재하지요. 그것이 명문화되어 있지 않을 뿐입니다. 가족 안에서도 규칙이 존재하는데 학교는 더 말해 무엇하겠어요?

최정의 교사   그런데 아이들은 학교만 졸업하면 모든 규칙에서 해방되어 세상의 자유를 만끽하는 줄 알아요.

김우정 교사　왜냐하면 "스무 살 되면 술 마실 수 있으니 지금은 지금은 참아", "대학 가서 너 하고 싶은 거 다 하고 지금은 공부에 집중하기 위해서 염색은 하지 마"라는 식으로 말하는 어른들이 주변에 많기 때문이에요. 규칙에 대한 근본적인 고민은 없고 그저 통제의 수단으로만 여겨지고 있습니다.

정사랑 교사　아이들은 학교를 졸업해서도 규칙 없이 살아갈 수 없습니다. 대학에도 규칙이 있고, 일터에도 규칙이 있으며, 심지어 결혼해서 부부끼리도 규칙이 있습니다. 다른 사람들과 사회를 이루고 함께 사는 이상 우리는 규칙에 둘러싸여 살 수밖에 없습니다. 내가 지키고 싶지 않으면 안 지켜도 되고, 내가 동의한 것만을 규칙이라고 여기면서 규칙을 선택적으로 지키려는 태도는 옳지 않습니다.

김우정 교사　더구나 교육기관인 학교에서 아이들이 그런 태도를 배워서는 안 됩니다. 학교에서야말로 더불어 살아가는 공간에서 지켜야 할 규칙이 무엇인지 알고 그것을 잘 지키도록 교육해야 합니다.

사회자　　학교 공동체가 제대로 유지되기 위해 규칙이 필요함에도 불구하고 학교 생활 규정이 학생이나 교사, 학부모 같은 학교 구성원들은 물론이고 일반인들에게까지 뭔가 시대 착오적이고 불필요한 것으로 비춰지고 있는 게 지금의 현실인 것 같아요. 저희 논의 주제가 학교 생활 규정이 왜 중요한가인데, 이런 현실이 역설적으로 학교 생활 규정의 필요성과 중요성을 강조하는 것 같기도 합니다.

주제 2
교사들의 생활 지도 근거로서의 학교 생활 규정

이평화 교사   학교 생활 규정은 학생들에게도 중요한 의미를 갖지만 교사들에게도 매우 중요하다는 생각이 듭니다. 교사들이 학교에서 학생들을 지도하는 근거가 되기 때문이죠.

최정의 교사   그런데 실질적으로 교사들이 학교 생활 규정을 근거로 지도하는 경우는 많지 않은 것 같아요. 용의 복장과 관련된 내용을 지도하는 경우를 제외하고는 평소 아이들을 지도할 때 생활 규정을 살펴보거나 확인하면서 지도하는 경우는 별로 없지 않나요?

사회자   다른 선생님들은 어떠신가요? 평소 학생들을 지도할 때 근무하는 학교의 생활 규정을 많이 살펴보고 참고하시나요?

정사랑 교사 제가 생활 지도 업무를 담당했을 때는 학교 규정을 많이 봤던 것 같아요. 생활 규정을 적용해서 선도 처리하는 것이 담당 업무라서 규정을 찾아보지 않을 수가 없었어요. 그런데 담당 교사 외에 대부분의 교사들은 학교 생활 규정에 대해 잘 모르고 있고 크게 관심도 갖지 않는 것 같아요. 관심을 갖는다고 해도 주로 용의 복장과 관련된 규정인 경우가 많고요.

김우정 교사 맞아요. 용의복장이나 휴대폰 사용 같은 것들을 제외하면 주로 교사의 개인적인 판단에 따라 지도하는 경우가 많은 것 같고요, 주변 선생님들이나 학교에서 해 오던 대로 관행적으로 하는 경우도 많습니다. 제가 지금 근무하고 있는 학교 이야기를 해 볼게요. 저희 학교는 학급마다 학생의 수업 방해 행위를 표시하는 체크리스트들이 있어요. 항목에는 수업 중 떠들기, 잠 자기, 화장하기, 휴대 전화 사용 등이 있습니다. 수업 중 화장이나 휴대 전화 사용의 경우, 3번 체크되면 선도위원회에 회부됩니다. 나머지는 5번 체크되면 선도위원회로 넘어가요. 그런데 제가 저희 학교 규정을 찾아봤더니 정작 규정에는 복장 위반 5번, 수업 중 화장 3번, 수업 중 휴대폰 사용 3번만 선도위원회에 넘어간다고 되어 있었습니다. 그 외 수업 방해 행위들에는 횟수가 누적되면 선도위원회에 회부된다는 규정이 없었습니다. 그동안 교사들은 이런 사실을 모른 채 지도하고 있었던 거죠.

박희망 교사 문제가 있어서 해당 학생을 수업 시간에 따로 불러서 사안 조사나 면담을 하잖아요. 이런 것도 학교 생활 규정에 관련 내용이 언급돼 있고 이를 근거로 진행해야 하는데 그렇지 못한 경우가 많아요 사회자   그런데 규정에 근거하지 않고 자의적으로 또는 관행적으로 생활 지도를 할 경우 어떤 게 문제가 되나요?

박희망 교사   만약 해당 학생의 학부모가 이에 대해 학생의 학습권 침해라고 민원을 제기하면서 "어떤 근거로 우리 아이를 수업 시간에 따로 불렀냐"고 따진다면, 사실 할 말이 없는 거죠. 교사는 위축이 되어 버리고 그 학교의 교장은 전 교사에게 수업 시간에는 학생을 따로 불러 지도하지 말라고 이야기하게 될 것입니다. 그런 일이 아주 비일비재하지요.

이평화 교사   요즘 교사들이 학생 지도를 안 하려는 경우가 많아요. 이 눈치, 저 눈치 보면서 열심히 지도했는데 괜한 민원이 들어오거나 하면 힘이 쫙 빠지고 스스로도 위축되는 일을 많이 겪기 때문입니다. 그래서 아예 지도를 포기하거나 지도할 상황이 생겨도 애써 외면하면서 사실상 학생들을 방치하는 경우도 많은 것 같아요.

최정의 교사   교사의 권위가 사회적으로 인정되었던 과거에는 수업 방해 행위에 대한 벌을 주거나, 문제 학생을 불러 면담하는 것 정도의 지도는 어떤 근거 없이도 충분히 할 수 있었지요. 마치 부모가 자식을 훈육할 수 있는 것처럼요. 그런데 이제는 그렇게 교사가 학생들을 지도하는 걸 가지고 근거가 무엇이냐고 따지거나 규정에 없는 관행이라며 부정적으로 보는 경우가 점점 많아지고 있어요. 관행이 꼭 부정적인 것일까요? 저는 학생을 교육하는 교사로서 이런 세세한 부분까지 다 규정을 만들어야 하는지 의문이 들어요. 그동안 교사가 그 정도 지도하는 것은 너무 당연한 것이었어요. 상식적인 수준에서의 당연한 예절을 가르치고 훈육하는 것이잖아요. 교사가 이런 것도 재량으로 하지 못해서 규정화, 서류화시켜야 하는지 답답함을 느낄 때가 많아요.

이평화 교사　최정의 선생님께서는 학생에 대한 교사의 지도가 상식적 수준에서 허용되는 범위안에 포함되는 것 아니냐고 말씀하시는 것 같아요. 하지만 모든 교사의 지도가 그렇진 않다고 생각합니다. 그 범위를 넘어서는 것도 존재한다고 봐요. 그럴 때 자의적 지도라는 비판이 생기는 것이구요. 지금은 교사의 자의적 지도에 문제를 제기하며 근거를 따지고 묻는 학생과 학부모들이 많아지고 있는 것도 사실입니다. 물론 세세한 내용들을 모두 다 규정으로 명시한다는 것은 불가능한 일이예요. 그래서 꼭 필요한 내용들은 자세하게 명시하고 나머지는 일반적인 상식으로 이 정도는 충분히 지도할 수 있다는 식의 포괄적인 근거라도 있어야 한다고 생각해요.

김우정 교사　교사의 생활 지도 권한이나 지도 방법에 대해서 규정에서 상세히 안내되어 있는 경우는 찾아보기 힘든 데 반해 시험 부정 행위나 학교 폭력과 같은 문제는 규정이 매우 구체적이고 명료합니다. 관련 사안이 발생하면 모두가 규정을 따지고요.

이평화 교사　맞아요. 학업성적관리규정은 아주 자세하고 구체적입니다. 학생들의 일상적인 생활과 관련해 이것 저것 자세하고 명확하게 정리되어야 할 필요가 있는 학교 생활 규정은 매우 두루뭉술하고 애매한데 말이죠.

박희망 교사   민원의 소지가 큰 것들만 규정이 세세한 것 같아요.

이평화 교사   민원 대응의 필요성에 따라 규정이 발달한 게 아닌가 싶기
도 하네요.

주제 3
학교 생활 규정의 과거와 현재

사회자   1990년대 초반까지의 권위주의적인 학교 문화에서는 교사의 자의적인 지도가 가능했기 때문에 규정이 있으나마나 했다고 말씀하셨잖아요. 1990년대 이전에도 학교 생활 규정이 있었는지 궁금해지네요. 혹시 선생님들, 1970~1980년대의 학교 생활 규정을 찾아보셨나요?

김우정 교사   제가 1970~80년대의 학교 생활 규정을 찾아보려고 했는데 찾지 못했습니다.

정사랑 교사   아마 그 시절에 교직 생활을 하셨던 분도 잘 모르실 것 같아요. 자의적으로 지도가 이루어졌잖아요.

최정의 교사   학교에서 체벌이 문제가 되기 시작한 비교적 최근부터 생활 규정 이야기가 나오지 않았나 싶어요.

정사랑 교사　1990년대 이전에 생활 규정이 있었다 하더라도 아주 형식적으로 있었을 것 같고요, 규정이 있든 없든 큰 의미가 없었어요.

박희망 교사　규정을 펼쳐 볼 필요성이 전혀 없었을 테니까요.

정사랑 교사　제가 고등학교 다니던 시절에 두발 규정은 남자들의 경우 그냥 통상적으로 스포츠 머리였습니다. 교사들이 그냥 학생을 보고 머리가 길다는 식으로 자의적으로 판단했습니다.

최정의 교사　저는 고등학생 때 성적이 괜찮은 편이고 문제를 일으키지 않은 학생이었습니다. 그래서인지 머리 길이로 지적을 받은 적이 없어요. 그런데 저와 비슷한 머리 길이를 가진 친구가 지적을 받은 적이 있었어요. 그 당시에는 학생부장 선생님이 교문 앞에서 '너 길어' 하시고 가위로 잘라 버리셨어요. 그러면 거기에 맞춰서 자를 수 밖에 없었죠. 말로는 '스포츠 머리'라고 했지만 스포츠 머리의 기준이 명확히 존재하지 않았고 아무도 의문을 제기하지 못했습니다. 통상적으로 사람들 머릿속에 있는 스포츠 머리보다 짧은 정도였어요.

이평화 교사　당시 정황으로 보아 아마 1차적으로는 학교장이 자의적으로 기준을 정했을 것이라고 생각합니다. 2차적으로는 교감이나 학생부장이 정하는 기준에 교사들이 따르는 방식이었을 거예요. 그 기준이라는 것은 명시적으로 존재하는 것이 아니라 교장, 교감이나 학생부장의 머릿속에 존재하는 것이죠. 그야말로 법이나 규정에 의거한 지도가 아니라 권력이나 권위에 기댄 지도인 셈이죠.

최정의 교사   지금은 그렇게 자의적으로는 지도를 못하죠.

정사랑 교사   그런데 지금도 학생의 규정 위반 사항을 눈감아 줄 때는 자의적으로 하고 있어요.

박희망 교사   네, 자의적으로 기준을 정하고 지도하는 학교들도 꽤 있어요. 예를 들어, 교장 선생님이 학생들이 교복을 입지 않고 하교하는 것을 싫어해서 체육복을 입고 하교하는 학생을 지도하라는 지시가 내려오면 그 지시를 받아 교사들이 지도하는 학교가 있어요. 그 학교 생활 규정에는 '학생은 교복을 착용한다'라고만 되어 있어요. 대체로는 이 조항을 해석할 때 등하교 시간도 교복을 착용해야 하는 시간이라고 해석하겠지만 어느 학생이 "학교 끝났잖아요? 종례 끝난 후에는 제 마음 아닌가요?"라고 따지면 교사는 순간 멈칫할 수 있어요. 학교 생활 규정에 '체육복은 체육 시간에만 착용한다'라고 되어 있다면, 체육복 등하교는 규정에 위반되는 것입니다. 하지만 그런 규정도 없이 무턱대고 학생에게 교복으로 갈아입고 하교하도록 하면 그 학생은 불만을 느끼게 되는 거죠. 학교가 규정을 멋대로 적용한다고요.

김우정 교사   저는 1998년에 중학교에 입학하였는데, 신입생 예비 소집일이 기억에 남아요. 교감 선생님이신지 학생부장 선생님이신지 잘 기억은 나지 않지만 예비 중1 학생들을 강당에 집합시키셨어요. 그리고는 귀밑 2cm 일자 단발만 허용하고, 반스타킹 착용은 금지, 손톱을 기르거나 매니큐어를 칠하는 것도 금지한다고 하면서 학교에서 허용하는 가방 모양과 색깔, 양말 색깔 등에 대해 이야기하셨습니다. 그때부터 교사가 되기 전까지 제가 체감한 '학교 생활 규정'이라는 것은 오로지 용의 복장과 관련된 것이었습니다. 학교 규정하면 용의 복장 규정이 자동반사적으로 떠오르는 거죠.

최정의 교사 지금도 뭐, 크게 다른 것 같지는 않습니다.

김우정 교사 지금도 교칙이라고 하면 오로지 용의 복장과 관련된 것으로 받아들이는 사람들이 많아요. 그러다보니 학교 규칙이라는 것은 학생들을 통제하고 억압하는 것, 굉장히 시대 착오적이고 고리타분한 것으로만 여겨져요.

정사랑 교사 수업에 전혀 참여하지 않는 것, 교육 활동 시간에 내내 잠을 는 것, 수업 시작 종이 치고 5분, 10분이 지나서 교실에 들어오는 것, 수업 중 갑자기 자리를 이탈하거나 친구들에게 불쾌감을 주는 것 등 모두 학교 생활 규정에서 다뤄야 하는 내용에 해당합니다. 이런 것들은 여전히 논의가 되지 않고 오로지 용의 복장이나 휴대 전화 사용만이 규정의 전부인 것처럼 여겨지는 분위기가 지배적입니다.

사회자 선생님들 말씀을 종합하면 과거에도 그랬고 현재에도 여전히 학교 생활 규정은 구성원들 사이에서 그 중요성이 제대로 인식되고 있지 않다고 할 수 있겠군요. 과거에는 교사가 자의적으로 지도를 해도 크게 문제가 되지 않았기 때문에 규정 같은 게 그리 중요하게 여겨지지 않았고요. 현재의 학교에서도 학교 생활 규정은 크게 주목받지 못하고 외면당하고 있다고 할 수 있습니다. 하지만 학교나 교육을 바라보는 사회의 인식이나 시선이 변하면서 예전과 같은 교사의 자의적 지도나 관행에 의한 교육이 설 자리를 잃고 있습니다. 따라서 이제 교사들은 자연적으로 주어지는 권위가 아니라 법이나 규정에 근거해서 교육을 해야 한다고 정리할 수 있겠네요. 교사들의 지도 근거가 되는 게 바로 학교 생활 규정인 것이고요.

주제 4
학생 인권 담론의 확산과 학교 생활 규정

사회자　　　2000년대 후반 학교에서 체벌이 금지되었고 본격적으로 학생 인권과 관련된 논의가 시작되었습니다. 이와 함께 학교 생활 규정의 여러 조항들이 학생 인권을 침해한다고 비판받기 시작했는데요, 이런 비판 속에서 학교 생활 규정은 학교에서 사라져야 할 적폐 취급을 받기까지 한 것 같아요. 이런 현상에 대해서는 어떻게 생각하시나요?

이평화 교사　　일제강점기와 군사독재를 거치고 민주화가 진행되면서 사회 곳곳에 퍼져 있는 권위주의의 잔재를 청산하려는 시도가 이루어졌습니다. 학교도 예외가 아니었는데요. 체벌 금지, 교육이나 훈육의 과정에서 발생하는 학생에 대한 과도한 통제나 억압, 부당한 권리 침해 같은 것들에 대해 관심을 갖고 이를 시정하려는 노력이 차츰 이루어지게 됩니다. 학생을 권리 주체로 바라보기 시작하게 된 것도 이 시기부터가 아닌가 싶습니다.

최정의 교사   학생 인권 조례 제정과 맞물려 이루어진 학생 인권 담론의 확산이 학교 사회에 미친 긍정적 영향을 무시할 수는 없겠죠. 하지만 저는 학생 인권 담론이 교육의 특수성이나 학교의 복합성을 고려하지 않고 무분별하게 현장에 퍼져 나가면서 상황이 더 힘들고 어려워졌다고 생각합니다.

김우정 교사   학생 인권 문제가 대두되면서 학교 생활 규정에 대한 사회적 관심도 증대되었는데요. 주로 생활 규정이 학생들의 인권을 침해하니 관련 조항을 없애거나 수정해야 한다는 내용에 관한 것이었죠. 생활 규정의 일부 조항, 또는 교사나 학교의 지도나 처분을 가지고 인권 단체나 일부 학생들이 국가인권위원회에 진정을 하기도 합니다. 그것을 받아들여 국가인권위원회에서는 해당 학교에 문제를 시정하거나 규정을 바꾸도록 하고 관련 법 등을 개정하도록 교육부나 교육청 등에 권고를 하기도 했지요.

최정의 교사   그런데 인권위는 어떤 진정이 제기되면 사안의 구체적 사실 관계를 살핀 뒤에 인권 침해 여부만을 판단할 뿐 규정 자체의 인권 침해 여부를 판단하지는 않는다고 말하더라고요. 예를 들면 징계 사실 공개가 인권 침해인가를 다룰 때 모든 징계 사실 공개가 인권 침해라고 보는 것은 아니고 진정이 제기된 사안에서 인권 침해가 있었는지만 판단한다는 거죠. 저는 이런 인권위의 태도가 상당히 비겁하다고 봐요. 왜냐하면 학교에서는 '징계 사실을 공개하면 인권 침해구나.'라고 받아들이지 '어떤 경우에는 징계 사실 공개가 인권 침해구나.'라고 받아들이지 않거든요. 인권위의 판단이 학교에 이런 영향을 미친다는 것을 인권위가 모를까요? 그렇지 않을 거라고 봅니다. 인권위의 권고가 정작 학교 교육을 어렵게 만드는 거죠.

박희망 교사 휴대폰을 조회 시간에 걷었다가 종례 때 돌려주거나 용의 복장에 대한 규제나 위반 학생에 대한 지도, 수업을 방해하는 학생을 교실 뒤에 서 있게 하는 것, 긴급한 사안 확인이나 조사, 학생 지도나 상담을 위해 수업 중 학생을 따로 부르는 것, 문제를 일으켜 징계를 받은 학생에 대한 징계 결과를 공개하는 것 등 모든 게 다 인권 침해로 여겨졌잖아요. 이쯤되면 교육을 하지 말라는 것으로밖에 이해가 되지 않습니다.

사회자 국가인권회의 권고는 말 그대로 권고일 뿐 법적인 강제성은 없는 거잖아요?

정사랑 교사 그런데 그 권고가 학교 사회에서는 굉장히 큰 힘을 발휘합니다. 작은 민원 하나에도 학교 전체가 쩔쩔매는데 인권위 권고는 더 말해 무엇하겠어요.
그나마 교육청이나 교육부라도 그 중간에서 제대로 역할을 해주면 좋겠는데 그것도 기대하기 어렵고요. 인권위에서 시정 권고를 하면 교육부나 교육청은 이를 교육적 차원에서 다각도로 고민하고 분석하여 해법이나 정책적 대안을 제시해야 합니다. 하지만 교육부나 교육청은 개별 사안에 대해 인권위가 내놓은 권고안을 일반화하여 지침으로 제시하고 있어요. 결국 학교는 아무 것도 하지 않아야 학생들의 인권을 보장해 줄 수 있는 상황이 됩니다. 교육하지 않는 것이 인권 보장이 되는 아이러니가 생기는 거죠.

최정의 교사 　우리 사회에서 모든 권리는 생명권을 제외하고는 일정하게 제한이 가능합니다. 수업권이나 학습권 역시 마찬가지입니다. 다른 사람의 권리를 침해하거나 공공질서를 해치는 상황에서는 제한이 가능합니다. 물론 제한하는 경우에도 법률적 근거를 가지고 합리적으로 해야 합니다만.
하지만 우리나라의 법률에는 이런 내용이 구체적으로 제시되어 있지 않습니다. 학습권이 무엇엇이고 학습권의 보장 범위는 어디서부터 어디까지인지, 언제 어떤 상황에서 제한할 수 있는지 찾아볼 수 없어요. 헌법이나 교육기본법에 나온 내용은 사실 굉장히 추상적이고 애매하거든요. 그 틈을 인권위의 권고나 교육청의 매뉴얼이 비집고 들어오는 경우가 많습니다.

김우정 교사 　교육부에서 만든 '학교 폭력 사안 처리 매뉴얼'을 보면 "사안 조사는 가급적 수업 시간을 피해서 해야 한다"고 되어 있어요. 이것은 학생들의 학습권 보장과 관련한 인권위 권고 사항 등을 반영하여 만들어진 것입니다. 문제는 이런 매뉴얼의 내용이 조사의 대상이 되는 학생이 가해자이든 피해자이든 가해자와 피해자가 한 교실에 있어서 피해자가 고통스러운 상황이든 아니든 상관없이 무조건 학생의 학습권을 침해하지 말라는 이야기로 일선 학교에서는 받아들여진다는 데 있습니다. 이에 대해 문제 제기를 하면 교육부는 아마도 '수업 시간에는 무조건 사안 조사하지 말아야 한다는 의미는 아니다.'라는 식으로 답변할 것 같은데 그렇다면 수업 시간에 조사가 가능한 경우와 불가한 경우를 구체적으로 제시해 주어야 합니다.

최정의 교사   휴대 전화 소지도 마찬가지예요. 얼마 전의 일인데요, 인권위에서 휴대 전화 사용을 전면 금지하는 경기도 모 학교의 학교 생활 규정이 인권 침해라 판단하면서 "학생들의 통신의 자유가 과도하게 제한되지 않도록, 도내 모든 초·중·고등학교의 관련 규정을 점검하여 실질적으로 휴대 전화의 소지·사용을 전면 제한하는 규정을 개정하도록 지도할 것"을 경기도교육감에게 권고했습니다. 그 영향으로 경기도교육청에서는 학교에서 휴대 전화의 소지는 허용하되 수업 중 사용하는 학생만 지도하라는 내용의 공문을 일선학교에 보냈지요.

그런데 여기서 좀더 생각해 봐야 할 게 있어요. 조회 시간에 휴대폰을 수거하여 학교에서 보관하였다가 종례 후에 돌려주는 것이 쉬는 시간이나 점심 시간에 휴대폰을 사용할 권리를 제한하는 측면은 있습니다. 하지만 이것이 휴대 전화 사용을 '전면 금지'하고 있는 것인지에 대해서는 한 번 생각해 볼 필요성이 있다고 생각돼요. 급한 연락이 필요한 경우나 수업 시간에 자료 검색이 필요한 경우에도 학생이 휴대 전화를 사용하도록 허용하고 있잖아요. 이게 과연 휴대 전화 사용을 전면적으로 금지하는 것인가요?

김우정 교사   또 한 가지 생각해 봐야 할 것은 학교에서 휴대폰 사용을 금지하는 이유가 교육 목적상 필요하기 때문이란 점입니다. 휴대폰을 걷지 않으면 수업 중 휴대폰을 사용하는 학생 때문에 수업 진행이 곤란한 학교가 많습니다. 학생들은 주로 게임을 하거나 메시지를 주고받는

용도로 휴대폰을 사용하는데 게임의 경우 다른 학생과 함께 하는 경우가 많고 메시지도 서로 주고받기 때문에 한두 명이 사용하기 시작하면 다른 학생들도 함께 사용하게 될 때가 많습니다.

사회자　　　소지하는 것을 허용하고 수업 중 사용할 경우에만 일시적으로 보관했다가 돌려주는 방식도 생각해 볼 수 있지 않나요?

박희망 교사　　그런 방식을 쓰는 학교도 있습니다만 이 방식도 문제가 많습니다. 학생이 휴대폰을 사용하지 않았다고 발뺌하면 학생과 불필요한 실랑이를 해야 하기 때문입니다. 학생이 휴대폰을 사용하지 않았다고 발뺌하면 그 학생의 휴대폰 사용 사실을 증명해야 할 책임이 교사에게 지워지는데, 사실 증명하는 것이 거의 불가능합니다.

이평화 교사　　만약 발뺌하는 방식으로 휴대폰 소지 및 수업 중 사용이 가능하다는 사실을 알게 되면 다수의 학생들이 수업 중에 교사의 눈을 피해 휴대폰을 사용할 거예요.

김우정 교사　　맞습니다. 휴대폰 수거 규정을 만든 학교 대부분이 이런 문제를 겪었기 때문에 규정을 마련한 것이고 만드는 과정에서 학생, 학부모들도 동의했을 것입니다. 학교에서 휴대폰 사용을 금지하는 규정이 일정 정도 학생들의 권리를 제한하기는 합니다. 하지만 그것은 휴대폰 소지를 허용했을 때 초래되는 공적 불이익을 최소화하기 위해서입니다. 인권위든 인권 단체든 학생 인권을 중심으로 생활 규정을 바라보는 쪽에서 이런 복잡한 상황에 대한 교육적인 고려 없이 인권 침해라고 규정하는 것은 상황을 너무 단순하게 파악하는 것이 아닌가 하는 생각이 들어요. 헌법 제37조 2항은 국민의 자유와 권리를 제한할 경우에도 자유와 권리의 본질적 내용을 침해할 수 없다고 명시하고 있죠. 인권위는 이를 권리 제한이 최소화 되어야 한다고 해석하는 것 같아요. 제 생각이 맞다면 인권위의 해석은 부적절하다고 봅니다. 인권위의 기준으로 본다면 학교 일과 중 휴대폰을 사용하지 못하게 하는 프랑스나 미국의 몇몇 주는 인권을 심각하게 침해하는 것이죠. 교육적 고려 없이 인권을 논하니 이런 문제가 생기는 것이라고 봅니다.

사회자　　　학생들의 학습권이나 사생활의 자유, 자기결정권 침해 등을 이유로 학교 생활 규정의 내용이나 학생 지도 방식에 대해 문제 삼으면서 규정을 불필요한 것으로 여기는 분위기가 오히려 제대로 된 생활 지도와 교육을 가로 막는 현실에 대해 이야기 나눴습니다. 이런 상황에서 학교 생활 규정이 중요하다고 주장하고 학교 생활 규정에 주목하자고 말하는 것도 굉장한 용기가 필요하다는 생각마저 듭니다.

주제 5
권리교육으로서의 학교 생활 규정

이평화 교사　시대 착오적이고 구태의연한 생활 규정을 없애도 모자랄
판에 생활 규정의 중요성을 강조하고 제대로 된 생활 규정을 만들고 교
육하자고 주장하는 것이 학생 인권에 반하고 교육 개혁에 역행하는 것
으로 받아들여질 수도 있을 것 같습니다.

김우정 교사　교육 개혁을 외치거나 학생 인권을 강조하는 사람들 중에
는 학교 생활 규정이 학생들을 통제하고 억압하는 수단이라고 말하는
사람도 있습니다. 또 어떤 사람은 지나치게 세세하지 않게, 좀 두루뭉술
하게 만들어야 한다고 말하기도 합니다.

정사랑 교사　학생들은 내버려도 알아서 잘 할 수 있는데 규정을 통해
하나하나 간섭하고 금지하는 게 맞냐는 거죠. 그런 규정이 오히려 자율

성을 침해하고 아이들을 타율적인 존재로 만든다고 합니다.

최정의 교사　이런 자유주의적인 교육관 또는 낭만주의적 교육관이 1990년대 이후 현재에 이르기까지 우리 교육을 지배하고 있습니다.

정사랑 교사　1990년대 말부터 공교육에 대한 불신과 비판으로 대안 교육 운동이 시작되었습니다. 대부분의 대안학교들이 자유주의적 교육 철학을 바탕으로 운영되고 있는데요. 영국의 A. S. 닐이 1920년대에 세운 서머힐 스쿨 같은 사례로부터 영향을 받은 경우가 많습니다.

최정의 교사　강요로부터 벗어난 자유 상태에서 아이들은 가장 잘 배울 수 있다는 철학으로 알려져 있는 학교입니다. 제가 중학교 때 우연히 서머힐 스쿨에 대한 다큐를 봤어요. 수업을 들을지 말지, 어떤 수업을 들을지 학생들이 결정하고 공부하고 싶지 않으면 수업에 안 들어가도 되고, 교내에서 자유롭게 담배도 피우는 모습이 당시 저에게는 너무 충격적이어서 아직까지도 기억에 남아 있어요. 학생들과 교사가 함께 모여 회의도 하고 거기서 공동체의 의사 결정이 이루어지는데 대안학교나 요즘 혁신학교에서 하는 다모임 같은 것의 원조라 할 수 있을 것 같기도 해요.

사회자　아직도 영국에서 성공 사례인가요?

정사랑 교사　지금은 아닌 것으로 알고 있어요. 관련 자료를 찾아보니 "어떤 수업을 들을지 자유롭게 두는 것은 학생들이 모르는 과목을 계속 모르게 만들 수 있고 특정 기간에 인기가 있는 과목만 듣게 만들 수 있다", "대학 진학을 준비하는 학생들은 준비가 부족해 불이익을 받는다", "교사들이 학생들의 학업 성취도에 관한 책임을 지려 하지 않는다" 등의 비판이 계속 제기되었다고 합니다. 심지어 미성년자들의 성적인 문제를 방종하고 있다는 비판도 제기되었다고 하네요.

김우정 교사　대안학교나 규모가 작은 학교들의 경우는 서머힐 스쿨처럼 최소한의 규정만 존재하고 문제가 발생하면 학생들이 모여 자유롭게 토론과 협의를 거쳐 문제를 해결하고 의사를 결정하는 것이 가능하다고 봐요.

하지만 규모가 큰 일반적인 공립학교에서 과연 그러한 의사 결정 방식이 제대로 작동될 수 있을까요? 저는 어렵다고 봐요. 그런데도 자꾸 대안학교의 성공 사례를 공립학교로 가지고 와서 적용하려고 하니까 실패할 수 밖에 없는 것이라 생각해요.

이평화 교사　중산층 이상의 어느 정도 균등한 가정 환경을 가진 대안학교 학생들과는 달리 일반학교 아이들의 가정 환경은 정말 천차만별이에요. 요즘은 다문화 가정 학생들과 중도입국하는 외국인 가정학생들도 많아지고 있어요.

박희망 교사　학교가 아무리 소규모라고 해도 모든 일을 협의와 토론으로 결정하는 것도 어렵다고 봐요. 구성원 중 어느 한 사람이라도 동의하지 않으면 그러한 체제는 아주 쉽게 깨지거든요. 최소한의 규칙으로만 운영되는 경우 누군가가 비합리적인 주장을 하면서 우겨도 제재할 수가 없습니다.

사회자   학생을 통제하고 타율적 존재로 만드는 규칙과 규정은 최소화하고 문제가 발생할 경우 구성원들이 모여 자유롭게 토론하면서 해결하면 되지 않냐는 일각의 주장이 갖는 한계에 대한 지적인 것 같군요. 그렇다면 앞으로 우리가 가야 할 방향은 무엇인가요? 그 방향에 학교 생활 규정이 어떤 역할을 하는지도 궁금합니다.

김우정 교사   학교는 국민들의 교육받을 권리를 보장하기 위한 곳이기도 하지만 여러 사람이 함께 살아가는 공동체 생활을 배우는 사회화 기관이기도 합니다. 학교라는 곳에서 함께 모여 공부를 하고 생활을 하는 데 있어서 공부를 잘하든 못하든, 힘이 세든 약하든, 나이가 많든 적든 상관없이 개인의 자유와 권리를 보장받기 위해서는 타인의 권리를 존중해야 해요.

그렇게 되면 나의 권리가 제한되는 일이 생길 수밖에 없어요. 모두가 함께 어울려 살아가는 학교를 만들기 위해 타인의 권리를 존중하고 때에 따라서는 나의 권리가 제한되는 것을 감수하겠다는 약속이 바로 규칙이고 그것이 구체화된 것이 학교 생활 규정입니다.

최정의 교사   규칙을 잘 지키면 학교 폭력과 교권 침해가 줄어들고 구성원이 더 안전하고 평화롭게 생활할 수 있게 됩니다. 그걸 바탕으로 내가 더 자유롭고 행복하게 살 수 있고 나만 잘사는 것이 아니라 더불어 잘 살 수 있게 됩니다.

김우정 교사   학교 급식 시간에 보통 학년, 반 순으로 식사 순서를 정하고 시간에 맞춰 급식실 앞에 줄을 서서 기다리게 하잖아요.
학생들 중에는 그냥 각자 식사하고 싶은 시간에 와서 자유롭게 먹게 하지 왜 규칙을 만들어 힘들게 하느냐며 문제를 제기하는 경우도 있어요. 저는 그럴 때 학생들에게 규칙을 지키는 것은 학생의 식사권을 보장받기 위해서라고 가르칩니다. 자유롭게 먹게 하면 어떤 일이 벌어질까요? 고학년 학생, 권력을 가진 학생이 우선적으로 먹고 맛있는 반찬도 더 많이 먹겠죠. 순서에 따라 먹게 하면 당장은 학생 개인이 자유롭게 식사할 권리를 침해받는 것 같지만 넓게 보면 모두 같이 이득을 보고 있는 거예요.

정사랑 교사   비슷한 맥락인데요, 제가 전에 근무하고 있는 학교에는 다른 반 교실에 들어가는 것을 금지하는 규정이 있었어요. 그 학교 아이들이 쉬는 시간에 친구 만나러 가는 것을 왜 금지하느냐고 따졌습니다.

박희망 교사   저도 교사가 되고 나서 한동안 그 규정이 인권 침해라고 생각했었어요.

사회자   저도 그런 생각이 좀 들긴 하는데요, 그런 규정은 왜 생긴 걸까요?

정사랑 교사   학교에서 권력을 가진 아이들이 다른 반에 들어가서 큰 소리로 떠들고 장난을 치면서 물건을 어지르고 치우지 않았습니다. 그반 친구들 물건을 함부로 건드리고, 모르는 친구의 자리에 앉아서 음식을 먹고 음식물 부스러기들을 그냥 놓고 자기 반으로 돌아가기도 하고요.
그런데 교실에서 조용히 쉬거나 과제를 하고 싶어 하는 아이들도 많은데 소위 그 '센' 아이들로 인해서 다른 아이들이 자기 교실에서 편안하게 쉬지를 못합니다.
그렇다면 자기 반에서 안전하게 쉴 권리가 우선일까요? 아니면 다른 반 친구들을 만나서 이야기할 권리가 우선일까요? 일단 그 반 학생들의 권리를 우선하는 게 맞지 않을까요? 그렇게 다른 반 친구들을 만나고 싶으면, 복도로 따로 불러내면 됩니다.

박희망 교사   복도에는 따로 이야기할 공간이 없다는 말을 하는 학생도 있어요.

정사랑 교사   그렇다면 따로 이야기할 공간을 만들어 달라고 요구하는 것이 맞는 것이지, 다른 반 친구들의 휴식권을 침해하는 것이 맞는 것이 아니예요.

이평화 교사   평소에 규칙이 있어서 자신이 보호받을 때에는 자신이 규칙 때문에 보호를 받고 있다고 느끼기 어려워요. 하지만 규칙으로 자신의 행동이 제약될 때가 되면 규칙의 존재를 인지하게 됩니다.
공기가 있어서 숨을 쉴 수 있는데도 우리는 평소에 공기의 존재를 느끼지 못합니다. 공기가 없는 곳에 가서 숨을 쉬지 못하는 경험을 할 때야 비로소 공기의 존재를 인식하는 것과 마찬가지죠.

최정의 교사   아까 김우정 선생님께서 예를 들어 주신 급식 순서 이야기에 좀더 보태볼게요. 모두가 동시에 먹는 것은 어려우니까 어차피 순서를 정할 수 밖에 없어요. 학생들 입장에선 학년별로 시간을 정하고 순서를 끊어서 식사하는 것이 당연히 불편하게 느껴지죠. 1학년의 경우에는 왜 3학년이 먼저 먹느냐는 반발이 생길 수도 있고요. 하지만 장기적으로 보면 그 1학년이 3학년이 되면 급식을 가장 빨리 먹을 수 있게 됩니다.

사회자　　　규칙을 지키는 게 당장은 힘들어도 장기적으로는 이익이 된다는 말이네요.

박희망 교사　　사람들은 학교를 자신의 학습권 실현을 위해서 다니는 곳이라고만 생각해요. 친구들과 선생님들과 함께 생활하는 공동체라고는 생각하지 못합니다.

정사랑 교사　　그러다보니 다들 자기 권리만을 주장합니다. 과거에 비해 사회적으로 사람들의 권리의식이 굉장히 높아졌어요. 그런데 대부분이 '자신에게 이러이러하게 누려야 할 권리가 있다는 것을 알고, 그 권리를 요구하는 것'만을 권리 의식이라고 여깁니다. 하지만 타인의 권리를 인식하고 보호하는 것도 중요한 권리 의식이라고 생각해요.
나의 권리가 보장받으려면 누군가는 의무를 지게 됩니다. 반대로 누군가의 권리가 보장받기 위해선 내가 의무를 져야 하고요. 이 모든 관계를 모두 다 인식하고 있는 것이 진정한 '권리 의식'이라고 생각합니다.

사회자　　　무조건 자신의 권리만 주장하는 게 아니라 타인의 권리에도 관심을 갖고 모두의 권리가 존중되기 위해 마땅히 져야 할 책임을 지려는 건강한 권리 의식을 학생들에게 가르치는 것이 중요하다고 정리할 수 있겠네요.

이평화 교사 네, 그게 바로 권리교육이라고 할 수 있어요.

사회자   생활 규정을 활용해 '권리교육'을 하자는 거지요? 권리교육의 내용에 대해 좀더 구체적으로 말씀해 주시면 좋을 것 같아요.

김우정 교사 학생으로서 나는 어떤 권리를 누릴 수 있는지, 나와 함께 공부하는 친구들이나 나를 가르쳐주는 교사인 선생님에겐 어떤 권리가 있는지 알게 하는 것입니다. 또한 그들의 권리를 보장해주기 위해 내가 져야 하는 의무는 무엇인지 생각해 보게 하고 그 의무를 기꺼이 이행하려는 태도를 갖게 하는 것도 교육해야 합니다. 때로 나의 권리가 제한되는 상황이 생기더라도 이를 감수하는 자세도 필요합니다. 비합리적이고 부당하게 권리를 제한하는 규칙이 있다면 그것을 없애거나 필요한 규칙을 만드는 데 적극적으로 참여하게 하는 것도 권리교육의 내용에 포함된다고 봐요.

박희망 교사 김우정 선생님 말씀을 듣다 보니 생각나는 게 있는데요, 한동안 준법 의식을 길러주는 것이 중요하다는 말을 들었던 것 같아요. 준법교육과 권리교육이 비슷하다고 느끼는 선생님들도 계시지 않을까요?

정사랑 교사 그럴 수 있겠네요. 규정을 지켜야 한다고 강조한다는 점에서는 유사하다고 볼 수도 있겠어요. 하지만 분명히 다른 점이 있습니다. 권리교육에서는 규정은 규정이니까 지켜야 한다는 식으로 접근하지 않아요. 규정은 사회적 약속이고 그 약속은 교사, 학생, 학부모의 토론과 합의에 의해서 만들어졌다는 점을 알려주지요.

교육 주체들이 왜 그렇게 합의했는지 이유도 알려주죠. 예를 들어 "왜 오토바이를 못 타게 해요? 저는 면허도 있어요."라는 질문을 받는다면 "우리나라는 만 16세가 되면 오토바이를 면허를 딸 수 있게 해주고 있긴 하지만 그럼에도 불구하고 학교는 안전을 중시하기 때문에 못 타게 하는 거야. 교사, 학생, 학부모 다수가 안전을 위해서 우리 학교 학생은 오토바이를 타지 않는 게 좋겠다고 판단한 거지. 또 오토바이를 타고 등교한 학생에게 다른 학생이 태워달라고 해서 같이 탔다가 사고날 위험도 크다고 보는 것이고. 오토바이를 타고 등하교하는 학생이 여러명 있으면 자동차나 다른 학생과 부딪혀 사고날 위험도 크겠지? 그런 점들도 고려해서 타지 못하게 한 거라고 보면 돼."라고 설명해 주죠.

그리고 더 결정적인 차이가 있습니다. 권리교육은 학생들로 하여금 입법자로서의 역량을 길러주는 데 목적을 두고 있습니다. 필요한 규정을 만들고 불필요한 규정은 없애며 현실에 맞지 않는 규정은 수정하는데 기꺼이 참여하려는 마음을 갖게 하는 거죠.

최정의 교사   학교에서 교육 주체들의 권리와 의무, 권한과 책임을 등을 담은 학교 생활 규정이야말로 이런 권리교육의 중요한 자료가 될 수 있습니다. 최근 민주 시민 교육이나 인성교육의 중요성이 많이 강조되고 있어요. 그런데 민주 시민 교육은 사회 현안에 대한 토론 중심의 교육이거나 절차와 기능에 대한 교육을 강조하고, 인성교육은 윤리교육

차원에서 접근하는 한계를 갖고 있어요.

저는 학교 생활 규정에 대한 교육을 통해 인성교육과 민주 시민 교육을 동시에 할 수 있다고 봐요. 생활 규정에 담긴 내용들이야말로 학생들에게 더 직접적인 영향을 미치는 삶의 문제이기 때문에 이에 대해 고민하고 해결하는 과정에서 학생들은 학교나 지역사회 구성원으로서, 더 크게는 국민으로서 주인의식을 가지고 살아갈 수 있습니다. 또한 권리를 둘러싼 복합적 관계 아래서 나와 타인을 함께 고려하고 내가 져야 할 의무나 책임에 대해 생각해 보게 한다는 점에서 인성교육과도 관련이 된다고 봐요.

사회자　　　선생님들의 말씀을 듣고 보니까 학교 생활 규정을 통한 교육이 정말 중요하다는 생각이 드는군요. 오늘 좌담회를 정리하겠습니다. 오늘은 학교 생활 규정이 무엇이고 어떤 변화를 거치며 오늘에 이르렀는지 역사적 흐름을 함께 살펴보았습니다. 또한 학교 생활 규정이 학교 구성원들을 포함하여 사회적으로도 크게 환영받지 못하는 현실에서도 학교 생활 규정에 주목해야하는 이유가 무엇인지에 대해 이야기 나누었습니다. 권리교육의 일환으로 학교 생활 규정이 지닌 의미를 생각해본 것도 의미가 있었습니다.

학교생활규정,
무엇이
문제인가?

사회자   지난 좌담회에서는 학교 생활 규정이 왜 중요한지, 그리고 학교 생활 규정에 주목해야 하는 이유는 무엇인지에 관해 살펴보았습니다. 오늘은 현재 우리가 느끼는 학교 생활 규정의 모습이 어떠한지, 어떤 문제가 있는지, 학교 생활 규정은 어떤 방향으로 변해야 할지에 대해 이야기를 나눠 볼까 합니다.

주제 1
학교 생활 규정에 관한 교육 주체들의 인식

사회자　　　먼저 학교에서 생활 규정이 외면당하는 현실에 대해 얘기해 보았으면 좋겠습니다. 지난 좌담회에서도 잠깐 언급되었지만 오늘은 더 자세히 이야기 나눠볼까 합니다.

정사랑 교사　　대부분의 학생들이나 교사들은 용의 복장이나 휴대폰과 관련된 것을 제외하면 생활 규정에 대해 잘 모르고 있고 크게 관심도 갖고 있지 않아요.

최정의 교사　　맞아요. 생활 규정하면 많은 사람들이 화장이나 두발, 용의 복장 규정을 제일 먼저 떠올리는 것 같아요. 학생들도 그렇고 교사들도 그런 경우가 많습니다.

박희망 교사　학교 생활 규정이란 게 학생들의 학교 생활에 실질적으로 영향을 미치는 규범이잖아요. 학생들이 학교라는 곳에서 모여서 생활 하면서 지켜야 할 의무나 보장받아야 할 권리 같은 것을 정해 놓은 것이기도 하구요. 용의 복장 규정 외에도 공동체 생활에서 발생할 수 있는 다양한 문제와 관련된 내용을 담고 있어야 하고, 그 내용을 교사와 학생 등 교육 당사자들이 잘 알고 있어야 하는데, 현실에서는 그렇지 않은 것 같아요.

이평화 교사　여러 선생님들의 지적처럼 그동안은 교사들이 생활 규정 에 별 관심이 없었고 생활 규정을 살펴보면서 지도하는 교사들을 찾아 보기도 힘들었죠. 그런데 학생 생활이나 지도에 관심을 가지고 성의 있게 지도나 교육을 해 보려는 교사들 같은 경우에는 혼자서는 해결할 수 없는 문제가 발생했을 때 보통 주변 선생님들께 물어보는 경우가 많아 요. 거기서 조금 더 생각하시는 선생님들은 규정을 들여다보는 경우도 있는 것 같아요.

최정의 교사　맞아요. 요즘 학교 현장의 분위기가 조금씩 달라지는 것 을 느껴요. 많은 교사들이 여전히 생활 규정에 대해 잘 모르고 무관심하 지만 한편에서는 조금씩 관심을 갖는 교사들도 많아지는 추세인 것 같 아요.
특히 교사들의 지도에 대해 학생 수업권 침해나 인권 침해로 불만을 품 거나 문제를 제기하는 학부모들이 많아서 그런지 교사들도 스스로 학 생 지도의 명확한 근거나 자신에게 법적으로 부여된 권한을 확인하기 위해 규정을 많이 찾아보는 분위기인 것 같아요.

사회자   학생들은 어떤가요? 학생들도 규정에 관심이 많은가요?

박희망 교사   주로 두발이나 용의 복장 규정에 관심이 많은 것 같아요.

이평화 교사   두발, 용의 복장, 휴대 전화 사용 문제처럼 자신들의 행위나 자유를 제약하는 내용에는 관심이 많은데, 그 외의 것들에는 큰 관심을 두고 있진 않은 것 같아요. 사람들이 함께 모여 살아가는 데 필요한 약속이나 규칙으로 생활 규정을 바라보는 것이 아니라 나에게 직접적으로 피해가 가는 조항이 무엇인지, 어떤 행위를 했을 때 처벌을 받는지, 이런 것들에 더 관심을 갖는 거죠.

정사랑 교사   처벌받는 행위와 그렇지 않은 행위를 구분하고 어느 정도까지 해야 처벌받지 않는지 계산적으로 접근하는 학생들도 많습니다. 법을 지키기는 귀찮고 위반했을 때 책임은 지기 싫으니 법망을 피해서 사는 데만 신경 쓰는 우리 사회의 모습과 닮아 있어서 씁쓸하고 안타까워요.

김우정 교사   어른들도 학생들도 우리가 규칙에 따라 살고 있다는 생각을 하지 않는 것 같아요. 규칙이 왜 필요한지 규칙을 지키지 않았을 때 어떤 일이 발생할지에 대해 생각하고 고민하지 않지요.
그러다 보니 규칙 위반이 공동체에 미치는 영향보다는 규칙 위반 처분으로 인해 자신이 감당해야 할 손해에 더 민감합니다.

정사랑 교사   자유주의적 가치관의 확산으로 규칙을 공동체가 함께 지켜야 하는 약속이라기보다는 개인의 자유를 제한하고 억압하는 도구로 받아들이는 경향도 이런 분위기를 만드는 데 한몫하는 것 같아요. 그러다 보니 규칙을 엄격하게 적용해서 지도하는 것을 자신들을 괴롭히는 것이라 생각하고 불만을 표출하기도 합니다. 자신이 잘못해서 지도를 받는 게 아니라 재수가 없어서 걸린 거라고 생각하는 거죠.

때로는 학부모까지 가세해서 민원을 제기하기도 하는데 교사 입장에서는 학생이나 학부모와의 마찰이나 불편한 일을 겪고 싶지 않아 규정대로 지도하는 것을 꺼리게 되는 것 같아요.

김우정 교사　규칙이 엄연히 존재하는데도 그것을 지키지 않는 사람들을 지도하지 않는 것은 규칙은 지킬 필요가 없다는 메시지를 사람들에게 주는 것입니다. 저는 규칙을 제대로 가르치는 것은 아주 중요한 일이라고 생각해요. 아무리 사회가 그렇다 하더라도 어쩔 수 없다고 생각하지 말고 학교에서라도 법과 규칙을 제대로 가르치고 잘 지킬 수 있게 교육할 필요가 있습니다.

사회자　　　학교에서는 규정에 관한 교육이 체계적으로 이루어지고 있나요?

박희망 교사　학기 초에 학교 생활 규정이나 상·벌점 규정을 교실에 게시하거나 가정 통신문 등을 통해 안내하기는 하는데 용의 복장이나 출결에 관한 것들이 주를 이뤄요. 이 외에 따로 시간을 내어 규칙에 대해 공유하고 교육하는 시간은 없습니다.

이평화 교사 예를 들어 수업 시간에 휴대 전화 사용하다가 적발되면 벌을 받는다는 규칙이 있다면 수업 시간에 휴대 전화를 사용하는 것이 바람직하지 않다는 전제가 있는 것이잖아요? 왜 수업 중에 휴대 전화를 사용하는 게 바람직하지 않은지, 그것이 누구의 어떤 권리를 침해하는지에 대해 학생들이 생각해 보고 고민해 볼 수 있는 시간이 필요한 거죠.

최정의 교사 학생과 교사가 공동체 구성원으로서 지켜야 할 것들이나 보장받아야 할 권리의 내용을 확인하고 공유하는 과정이 필요한데도 시간 부족 등을 핑계로 제대로 이루어지지 않고 있어요.

박희망 교사 시간도 문제이지만 사실 의지가 없어요.

사회자 그렇다면, 학교에서 규정에 관한 교육을 해야 할 필요성에 대해 구성원들 사이에서 공감대를 형성하고 정규 교육과정에서 규정에 관한 교육이 이루어질 수 있도록 시간도 확보하고 교육 내용도 마련할 필요가 있겠네요.

주제 2
현재 학교 생활 규정의 문제점

사회자　　　현재 학교 생활 규정에 대한 교육 주체들의 인식이 어떠한지에 대해 이야기 나눴습니다. 학생들도 교사들도 규정에 별 관심이 없고, 규정에 대한 교육도 체계적으로 이뤄지고 있지 않다고 요약할 수 있겠습니다. 학교 생활 규정이 구성원들에게 외면받는 이유가 규정의 내용 자체에도 문제가 있기 때문일 것 같은데요. 이 부분에 대해 이야기 나눠보겠습니다.

최정의 교사　　학교 생활 규정은 학생들이 학교에서 생활하면서 보장받아야 할 권리나 지켜야 할 의무를 담아야 하잖아요. 예를 들면 학생은 부모의 경제적, 사회적 지위나 성별, 종교, 신체 조건 때문에 부당하게 차별받지 않아야 할 권리가 있어요. 또, 폭력이나 위험한 상황에 처하지 않고 안전하게 교육을 받을 수 있어야 하고 건강하고 쾌적한 환경이나 안정적인 환경에서 학습할 수 있어야 합니다. 학습권으로 포괄할 수 있는 이런 권리를 보장하기 위해 학교나 교사가 신경 쓰고 노력해야 할 것들도 있지만 학생들 스스로 지켜야 할 의무도 있습니다.

사회자   학생의 의무라고 하신다면 예를 들어 수업 중에 지켜야 할 것들, 공공시설이나 물건 사용에 관한 예절이나 에티켓, 대인관계에 필요한 태도나 자세 같은 것들인가요?

최정의 교사   네, 그런 것들을 비롯하여 지각, 수업 불참 및 방해, 잠, 조롱, 욕설, 용의 복장, 휴대 전화의 소지 및 사용과 같은 것들입니다.

김우정 교사   모두 교육활동이나 공동체 생활에서 빈번하게 발생하는 문제들이예요.

정사랑 교사   학교 생활 규정은 학생들의 학교 생활에 실제로 영향을 미치는 이런 문제들에 대해 구체적이고 자세한 내용을 담고 있어야 하는 데 구체적인 수칙을 담고 있는 생활 규정을 찾아보기가 힘든 게 현실입니다.

사회자   생활 규정을 보면 학생들이 무엇을 해야 하고 하면 안 되는지 알 수 있어야 하는데 그런 게 없다는 거죠?

정사랑 교사　네, 맞습니다. 설사 그런 조항이 있더라도 포괄적이거나 애매모호해서 조항의 해석과 관련하여 논란이 되는 경우가 많아요.

이평화 교사　2017년 서울시교육청에서 만든 '학생생활 규정 예시안'의 내용을 예로 살펴보면 제3장 학교 생활교육 제 22조 "학급 및 수업에서의 태도"의 제1항에 "학생은 다른 학생의 학습권과 교사의 수업권을 침해해서는 아니 된다"로만 되어 있어요.

사회자　어떤 행위가 다른 학생의 학습권과 교사의 수업권을 침해하는 것인지, 그런 행위를 했을 때 어떤 책임을 져야 할지 구체적으로 제시되어 있지 않고 있네요.

김우정 교사　"수업과 관계없는 말과 행동으로 수업 진행을 방해하거나, 일어나서 돌아다니거나 필기를 하지 않거나 특별한 이유 없이 엎드려 잠을 자는 등의 행위를 교사가 주의를 몇 회 이상 줬는데도 계속한다."와 같이 구체적 행동을 언급하고 이런 행위가 다른 학생의 학습권이나 교사의 수업권을 침해하는 것이라고 명시해야 하는데 그런 내용이 없어요.

정사랑 교사　학생이 규정을 위반했을 때 교사가 어떤 방식으로 어느 정도까지 지도할 수 있는지 명확하게 나와 있지 않은 것도 문제점으로 지적할 수 있을 것 같아요. 교사들이 어떤 경우에 어떤 지도를 할 수 있는지 지도 권한이나 방법에 대해 명시한 생활 규정을 저는 거의 본 적이 없거든요.

사회자　　학생의 문제 행동에 대해 교사가 지도할 수 있고 어떤 지도를 할 수 있는지, 다시 말해 교사의 지도 권한과 방법에 대해서도 상세히 제시해야 할 필요가 있다는 말씀이군요.

정사랑 교사　　네, 예를 들어 "수업을 방해한 경우 교사가 해당 학생과의 면담을 1시간 이상 할 수 있다."와 같은 명확한 지도 방법을 규정에 넣어야 할 필요가 있어요. 그래야 교사들도 개인적 가치 판단에 의해 자의적으로 지도하거나 지도를 회피하지 않고 적극적으로 지도를 할 수 있어요.

사회자　　그런데 많은 교사들이 규칙이나 규정은 가능한 두루뭉술하고 애매모호한 게 좋다고 생각하지 않나요?

박희망 교사　　규칙이 너무 세세하면 그에 맞춰 하나하나 지도하는 게 교사들 입장에선 번거롭고 부담스럽기 때문인 것 같아요. 규정대로 하나하나 살피며 지도하고 절차대로 처리하는 게 어렵기도 하고 복잡하고 귀찮은 일이라고 생각되는 거죠.

이평화 교사　　제 경험을 말하자면 학교에서 아이들을 지도할 때 규정대로 엄격하게 지도하려고 하는 편인데요 이렇게 하다 보니까 어느 순간 굳이 안 해도 될 일을 하는 사람으로 저를 보는 부담스러운 시선이 느껴지더라구요.

그때부터 주변 교사들의 눈치를 많이 보게 되고 학생들 눈치도 보이구요. 다른 교사들은 문제 삼지 않는 것을 문제 삼는다고 학생들로부터 불평 불만을 듣게 되는 경우도 많았어요.

김우정 교사　그런데 사실 학교에서 아이들을 지도하다 보면 규칙이 애매모호해서 혼란스럽고 지도가 더 어려울 때가 많지 않나요?

최정의 교사　저도 그래요. 학생이나 학부모들과 불필요한 오해나 갈등이 생기는 경우도 많구요.

김우정 교사　학생 지도의 근거가 되는 규정이 명확하고 구체적이어야 학생들과 불필요한 입씨름을 하지 않아도 되고, 그래야 교사들도 지도에 부담을 느끼지 않고 적극적으로 지도할 수 있어요. 규칙 위반 학생을 지도하지 않고 방치하는 것은 교사가 해야 할 교육적 조치를 하지 않는 것이므로 오히려 부담을 느낄 수 있구요.

이평화 교사　제가 얼마 전에 호주에 초·중등학교 탐방 연수를 다녀왔는데요. 그곳 학교의 생활 규정이 생각보다 엄격하고 지켜야 할 규칙도 많아서 조금 놀랐어요.

사회자   일반적으로 선진국이라고 불리는 서구 국가의 학교의 경우 우리나라에 비해 규정도 느슨하고 지켜야 할 것도 많지 않을 것이라 생각하는데 그렇지 않나 봐요.

이평화 교사   네, 저도 놀랐어요. 교복 등 용의 복장과 관련된 규정은 우리보다 더 엄격하고 규제도 많고 굉장히 세세하게 정해져 있더군요.

최정의 교사   얼마 전 한 연구 논문에서 비슷한 내용을 봤어요. 미국, 캐나다, 호주, 대만, 일본 등 외국의 중·고등학교의 학생 생활 규칙을 분석한 논문이었는데, 미국이나 캐나다 호주 같은 소위 선진국에도 두발이나 용의 복장 규정이 존재하고 경우에 따라서는 우리보다 더 엄격하고 자세하고 시시콜콜한 부분까지 규제하고 있더라고요.
우리나라의 경우에는 주로 용의 복장 규정만 세세하고 구체적 사항을 언급하고 다른 영역에서는 두루뭉술하고 애매한 내용이 주를 이루잖아요.

박희망 교사   규정이 자세하면 안 된다고들 생각하시죠.

최정의 교사   네, 그에 반해 외국의 경우는 그렇지 않다는 거죠. 학생이 잘못된 행동을 했을 때 교사가 지도할 수 있는 내용이나 처벌의 종류 및 방법, 장소 등에 대해서도 자세히 언급하고 있었고 징계 시 소명 절차 등에 대해서도 굉장히 상세하게 다루고 있었습니다.

사회자　　　미국이나 캐나다, 호주 같은 소위 선진 국가의 학생규정에도 용의 복장이나 두발 규제가 엄연히 존재하고 심지어 우리나라에 비해 관련 규정이 더 엄격하고 구체적으로 명시되어 있다니 놀랍기도 하고 흥미롭기도 하네요.

최정의 교사　　이 논문의 요지는 우리나라의 생활 규정이 인권 침해적 요소가 있어서 문제라기보다는 너무 포괄적이고 두루뭉술해서 문제다, 학교 생활 규정은 구조상 학생들이 지켜야 할 사항, 즉 의무 조항들이 많을 수밖에 없다, 문제는 규정에 포함된 내용들이 애매모호하고 상세하지 못한 것이라는 겁니다. 그래서 우리나라의 규정도 애매모호하고 불명확한 내용을 없애고 상세한 규정으로 바꾸는 작업이 필요하다고 합니다.

사회자　　　외국의 사례에서 우리가 참고할 점이 있는 것 같네요. 지금까지 학교 생활 규정의 문제점에 대해 이야기를 나눴는데요. 논의 내용을 잠깐 정리해 보자면 우선 학생의 권리나 지켜야 할 내용이 구체적으로 제시되어 있지 않아서 어떤 권리가 있는지, 무엇을 지켜야 하는지 알 수 없다. 둘째, 교사의 지도 권한이나 지도 방법 및 절차가 명시되어 있지 않아서 자의적으로 지도하게 되거나 지도를 회피하게 되는 문제점이 있다고 정리할 수 있을 것 같네요. 혹시 더 추가할 내용이 있을까요?

이평화 교사　문제 행동에 대한 지도는 없고 징계만 있다는 점도 지적하고 싶어요. 선도 과정이나 절차, 방법 등에 대한 자세한 안내도 없고 주로 징계와 관련된 내용만 담고 있기 때문에 지도를 하는 교사들도 학생의 바람직한 변화를 이끌어 낸다는 선도의 본래 취지를 고민하면서 교육적으로 접근해야 하는데, 그게 잘 안 되는 것 같아요.

정사랑 교사　현재 학교에서 다루는 학생 사안은 일반 선도 사안, 학교 폭력 사안, 교권 사안으로 나뉘어 있잖아요. 예를 들어 음주·흡연·절도 같은 문제가 발생했을 때는 학생선도위원회를, 학생 간에 문제가 발생했을 때는 학교 폭력 전담 기구를, 교권 침해가 일어났을 경우에는 교권 보호위원회를 열어 해당 사안에 대해 심의하고 조치를 취합니다. 그런데 사실 이것들이 자세히 보면 서로 연관돼 있거든요.

김우정 교사　맞아요. 교권 사안과 학생 선도 사안은 서로 다른 영역이 아니예요. 모두 학생의 학교 생활 영역 내에 있고 교사가 교육해야 하는 대상입니다. 학교 폭력 사안도 마찬가이고요.

이평화 교사　예를 들어 수업 시간에 어떤 학생이 떠들었다고 가정해 볼게요. 교사가 학생에게 떠들지 말라고 지적했어요. 그런데도 그 학생이 무시하고 계속 떠들어서 교사가 조금 강한 어조로 떠들지 말라고 재차 지적했어요. 그때 그 학생이 교사에게 욕설을 했다면 이것은 생활 지도 사안이기도 하고 교권 침해 사안이기도 합니다. 학교 폭력도 마찬가지예요. 학급 친구를 놀려서 담임 교사가 놀린 아이들에게 훈계를 했는데도 교사의 지도를 무시하고 계속해서 놀린다고 칩시다. 이것을 학생들 간의 관계로 보면 학교 폭력 사안이지만 교사 지시 불이행으로 본다면 선도 사안입니다.

김우정 교사 　 결국은 모두 다 학생 선도 사안에 포함된다고 생각해요.

사회자 　 대체 그런데 이렇게 여러 위원회로 분리해서 처리하게 된 이유가 무엇일까요?

정사랑 교사 　 학교 폭력의 경우 그 심각성이 강조되고 사회적으로도 큰 문제가 되었잖아요. 기존의 학교 생활 규정으로는 학교 폭력을 해결할 수 없으니 학교 생활 규정을 적절히 개정하는 방법도 있었지만 학교를 불신하는 사람들은 규정 개정해 봐야 소용없다고 생각했죠. 특히 피해자 학부모들의 불신이 컸습니다.

이러한 불신은 충분히 이해됩니다. 2000년대 초반 당시 학교는 학교 폭력에 대응하는 데 소극적이고 방어적이었던 게 사실이니까요. 관련 법이나 제도가 없는 상황에서 학교도 소극적일 수밖에 없는 측면이 있긴 했지만요. 국회의원들도 학교 폭력 해결을 위해 뭔가 했다는 점을 보여주고 싶었겠죠. 초중등 교육법과 그 시행령을 개정하는 방식으로 접근할 수도 있었겠지만 새로운 법을 만드는 것이 더 그럴듯하게 보일 것으로 생각하지 않았겠나 싶습니다. 이런 상황에서 학교 폭력 예방 및 대책에 관한 법률 입법이 추진됐습니다.

자세한 학교 상황을 모르는 국민들은 학교 폭력법이나 학교 폭력 대책자치위원회가 그럴싸한 해결책으로 보일 수 있습니다. 하지만 교사들은 절차만 복잡해지고 해결하는 데 큰 도움은 안 된다는 것을 알고 있죠.

이평화 교사　어떤 사안이 학폭위로 넘어가는 순간 위원들과 학폭 담당 교사 외의 교사들에게 그 일은 비밀에 부쳐집니다. 어찌 보면 사안에 대해 가장 잘 알고 있고 개입할 여지도 많은 게 담임 교사인데도 담임은 사안에서 배제되고 위원회의 처분만을 기다리게 됩니다. 이 과정에서 담임은 매우 수동적인 역할에 머물게 되죠. 담임 교사에게 적절한 권한과 책임을 주어 적극적인 역할을 하도록 했어야 하는데 배제해 버린 겁니다.

이평화 교사　교권보호위원회도 비슷한 것 같아요. 교권 침해 사안을 처리하는 별도의 위원회가 생기면서 어떤 사안이 발생하면 공적인 문제가 아닌 교사와 학생 개인의 문제로 여겨지게 되었다고 봐요. 학교 폭력도 교권 침해도 개인 대 개인의 문제이기만 할까요? 저는 아니라고 봐요.

정사랑 교사　학교 폭력이든 교권 침해든 모두 공적인 영역에서 발생한 일이고 교사들과 학생들 및 공동체 구성원이 서로에게 지속적으로 영향을 미치는 문제입니다. 이렇게 교육의 공간에서 발생한 복합적인 성격의 사안을 복합적으로 다뤄야 하는데도 그것을 교권 침해라고 명명하는 순간, 학교 폭력이라고 명명하는 순간 매우 문제에 대한 접근이 매우 협소해집니다. 사안에 대한 통합적인 접근과 교육적인 지도가 어려워져요.

사회자 학생들의 학교 생활 영역에서 복합적으로 다뤄야 할 문제를 여러 위원회로 분리해 전문적으로 처리하고 있는 것 같지만 실제로는 전혀 그렇지 못하다는 말씀이군요.

이평화 교사 일반 선도, 학교 폭력, 교권 침해 사안을 각각의 위원회에서 나눠서 처리하는 현재의 방식에서 벗어나 이런 사안들을 모두 학교 생활 규정에서 한꺼번에 다루는 게 좋다고 봅니다.
수업 시간에 잠을 자는 것, 친구를 은근히 무시하는 것 등 상대적으로 사소해 보일지도 모르는 일상 생활에서의 규칙이 잘 지켜질 수 있도록 교육하고 문제가 생길 경우 선도위원회를 열어 제대로 책임질 수 있게 할 때 교권 침해나 학교 폭력 같이 더 큰 문제로 번지는 것을 예방할 수 있습니다.

주제 3
교육부나 교육청 학교 생활 규정 예시안의 문제점

사회자   선생님들 말씀을 듣다 보니 정말 학생이나 교사 등 학교 공동체 구성원들이 부딪히는 일상적이고 실질적인 문제를 폭넓게 다룬 학교 생활 규정을 마련할 필요가 있는 것 같습니다. 그런데 선생님들이 학교 단위에서 자율적 토의와 토론을 통해 이런 규정을 마련할 수는 없는 건가요?

최정의 교사   그런 생활 규정을 만들라고 단위 학교에만 요구할 수는 없을 것 같아요. 사실 수업 준비와 학생 지도만으로도 바쁜 교사들이 그럴 여력이 많지 않거든요. 규정도 일종의 법률이기 때문에 고려해야 하는 것도 많잖아요. 법률 용어도 어렵고 법조문 구성 방식도 낯설고요. 근거가 되는 상위 법령도 알아야 되는데 이런 것까지 고려하려면 학교는 참 막막합니다.

정사랑 교사 학교 생활 규정은 헌법, 교육기 본법, 초중등 교육법, 유엔 아동 권리 협약이나 학생 인권 조례 등과 같은 법률에 의거해 만들어졌잖아요. 따라서 학교 생활 규정에 기재되어야 하는 내용, 또는 기재될 수 있는 내용은 이들 상위 법령의 테두리 안에서 정해져야 합니다.

아무리 개별 학교에서 구성원의 요구나 학교 상황에 맞게 자율적으로 정했다고 하더라도 그 내용이 상위 법령에 근거가 없거나 상위 법령의 범위를 벗어나게 되면 규정으로서의 효력을 인정받지 못해요.

사회자   교육청과 같은 상급 교육기관에서 학교로 내려오는 관련 자료들이 있습니까?

이평화 교사 학교의 어려움을 덜어 주고 상위 법령에서 벗어난 규정이 만들어지는 것을 예방하기 위해 교육부나 시도 교육청에서 학교 생활 규정 안내 자료(지침)나 학교 생활 규정 예시안(표준안)을 제작해서 배포합니다.

정사랑 교사 교육부의 경우에는 2014년에 '학교 규칙 운영 매뉴얼'을 발간한 뒤 현재까지는 새로운 자료를 제시하고 있지 않고 있고요. 시·도 교육청은 실정과 필요성에 따라 수시로 안내 자료나 예시안을 제공하고 있어요.

상위법이 바뀌면 바뀐 법에 맞추거나 새롭게 적용하는 등 사회나 시대의 요구에 따라 교육이 지향하는 가치나 규범들을 일관성 있게 제시하고 일선 학교가 이에 따라오도록 안내하는 역할을 하는 거죠. 각 학교는 교육청이 제시한 자료를 보고 학교 생활 규정을 수정하거나 보완하기도 합니다.

사회자   예시안이 일선 학교의 생활 규정 제·개정 과정에서 기준으로 삼거나 참고할 수 있는 길잡이 역할을 제대로 하고 있는지 궁금하네요. 어떤가요?

정사랑 교사   2002년 교육인적자원부(현 교육부)에서 '초·중등학교 및 일반계고, 실업고 학교 생활 규정 예시안'을 처음 만들었고 이후 2007년 충청남도 교육청에서 '학생생활 규정 매뉴얼'을 만들었습니다. 이후 학생 인권 조례가 제정되고 학생 인권 담론이 확산되면서 이를 반영한 예시안이 제시되기 시작했어요. 경남교육청에서 2010년과 2013년에 만들었고, 2017년에는 서울시교육청, 충북교육청 및 전북교육청에서도 제작했습니다.

김우정 교사   제가 몇 개 교육청에서 만든 예시안을 좀 살펴봤는데요. 예시안이 학교에서 참고할 만한 좋은 기준이 될지는 의문입니다. 예시안 내용이 너무 포괄적이고 선언적 수준에 그치는 경우가 많은 것 같아요.

사회자   선언적 수준에 그친다는 게 무슨 의미인가요?

박희망 교사   구체적이거나 명확하지 않다는 겁니다. 그러다 보니 애매모호해서 이렇게도 해석되고 저렇게도 해석될 여지가 많아지게 되고요.

사회자   지난 좌담회 때에도 비슷한 이야기가 나왔던 것 같은데요.

김우정 교사   네, 맞습니다. 지난 번에 언급된 내용과 비슷한 내용이지만 한 번 더 말씀드려 볼게요. 예시안 내용 중 휴대 전화 등 전자기기 사용에 관한 조항을 보면 "학교의 장 및 교직원은 학생의 휴대 전화 등 전자기기의 소지 및 사용 자체를 금지하여서는 안 된다"라고 되어 있어요. 이게 휴대 전화를 학교에 갖고 오는 걸 금지하면 안 된다는 뜻인지 일과 시간 중 학교에서 걷어서 보관하면 안 된다는 뜻인지 불분명해요. 학급 조회 시간에 걷어서 보관했다가 종례 시간에 돌려주는 방식도 조회 전과 종례 후에는 소지할 수 있으므로 소지 자체를 금지하는 것은 아니라고 해석할 수 있는 여지가 있잖아요.
또, "교육활동 과정에서 휴대 전화 등 전자기기의 사용 및 소지의 시간과 장소, 압수의 요건과 기간, 반환 방법을 정할 수 있다."라는 내용 역시 지나치게 포괄적이라 생각됩니다.

최정의 교사   단위 학교의 부담과 어려움을 덜고 실질적 도움이 되기 위해선 상급기관에서 이렇게 막연하고 포괄적인 내용이 아니라 보다 구체적이고 명료한 조항을 담은 예시안을 만들 필요가 있어요.
또 규정에 포함되는 내용도 좀 더 현실적인 내용들로 채워져야 하고요.

박희망 교사   기존의 예시안에서 주를 이루는 두발이나 용의 복장, 휴대폰 사용, 이성 교제 등과 관련된 수칙 외에 학교에서 실제로 문제가 되는 것들이 많잖아요. 이를테면 지각이나 수업 불참 및 방해, 잠, 흡연, 학교 폭력이라 보기엔 애매하지만 학생들 사이에 만연해 있는 조롱, 혐오 발언, 욕설 등이요. 이와 관련된 조항을 만들고 포함시킬 필요도 있어요.

이평화 교사 그런데 학교에서 좀 더 실질적으로 참고할 수 있는 구체적인 예시안을 제공 해달라고 요청하면 학교의 자율성을 해칠 수 있어서 어렵다고 답하는 경우도 있어요. 예시안은 말 그대로 예시안이니 이를 참고로 해서 학교 실정에 맞게 자율적으로 정하라고 합니다.

정사랑 교사 구체적 예시안을 제공하는 것이 자율성을 해치는 것일까요? 전 그렇지 않다고 봐요. 구체적이고 명료한 내용을 담은 예시안이 있어야 학교 실정에 맞게 수정하여 쓰기가 더 좋습니다. 없는 것을 새로 만드는 것은 힘들지만 있는 것을 수정하여 쓰는 것은 상대적으로 수월하기 때문이죠.

사회자 학교 생활의 다양한 영역에서 학생들이 보장받아야 할 권리나 의무 및 책임의 내용과 함께 교사의 생활 지도 권한과 방법 등을 구체적으로 담은 예시안 마련이 시급하네요. 교육부나 교육청 예시안의 문제로 또 지적할 것은 없나요?

박희망 교사 교육부나 교육청은 주로 민주적 절차만 강조할 뿐 실제 제·개정 과정에서 구성원들 사이에서 충분한 토론과 숙의가 이루어질 수 있도록 지원하지는 못한다는 생각이 들어요.
요즘 교육청에서 제일 강조하는 게 생활 규정 제·개정할 때 학생의 다양한 의견을 반영하라는 거잖아요. 언뜻 보면 학생의 의견을 반영하기 때문에 뭔가 학생을 존중하는 것 같고 민주적인 것 같지만 사실 학생들의 의견을 반영한다는 게 특정 조항에 대한 단순한 호불호를 묻는 수준을 넘지는 못한다는 생각이 듭니다.

이평화 교사 맞아요. 의견을 묻기 전에 먼저 생각하고 고민할 수 있는 자료를 주고 서로 토론도 해 보고 이야기도 나눠 봐야 하잖아요. 예를 들어 두발, 용의 복장, 휴대폰 사용과 관련된 조항처럼 구성원들 사이에서 의견 대립이나 논쟁의 여지가 있는 문제에 대해 깊이 있게 생각하고 고민하거나 토론할 수 있는 자료가 제공되고 이를 바탕으로 풍부한 논의와 토론이 이루어져야죠.

최정의 교사 교육부나 교육청에서 숙의와 토론이 실제로 가능하도록 풍부한 자료를 제공해 줬으면 좋겠는데 주로 형식적 절차만 제시해서 답답하고 안타까워요.

박희망 교사 최근에는 학생 인권을 존중하고 보장하자는 취지와 방향을 담은 예시안을 많이 볼 수 있습니다. 학교 생활 규정이 학생들의 권리를 부당하게 침해한다거나 학생에 대한 과도한 통제나 억압의 도구가 되어서는 당연히 안 되겠죠.

김우정 교사 하지만 인권위의 권고가 때로는 학교가 지닌 특수성이나 교육적 상황 등을 복합적으로 고려하지 못한다는 아쉬움이 들 때가 많습니다.

사회자　　　　지난 좌담회에서도 이와 관련된 이야기가 나왔었지요?

김우정 교사　　네, 맞습니다. 교육 목적상 필요한 권리의 '제한' 문제를 부당한 '침해'의 문제로만 접근한다거나 교사의 권리 및 다른 학생의 권리와의 관련성 속에서 학생의 권리를 좀 복합적으로 바라봐야 할 필요가 있는데, 학생 개개인의 권리 중심으로만 바라보는 것 같아요.

이평화 교사　　그리고 학습권의 의미를 단순히 수업에 참여할 권리로 굉장히 협소하게 바라본다는 생각이 들 때도 있어요.

주제 4
학교 생활 규정의 교육적 접근

사회자   학교라는 기관의 특성이나 교육적 상황에서 발생하는 복
합적 맥락을 고려하여 교육 주체들의 권리를 좀 더 다각적이고 복합적
으로 바라보고 쟁점이 되는 사안에 대해 구성원들 사이에서 내실 있는
토론과 민주적 합의가 이루어지도록 관련 자료를 제공할 필요가 있겠
네요. 학교든 교육청이든 생활 규정에 대한 좀더 교육적인 고려와 접근
이 필요한 것 같은데요. 마지막으로 이에 대해 이야기 나눠 보도록 하겠
습니다.

김우정 교사   얼마 전 서울시교육청이 '편안한 교복 공론화 과정'을 추
진하면서 매뉴얼을 제작하여 배포했습니다. 형식적 절차 위주의 기존
매뉴얼과는 달리 공론화의 의의, 공론화의 방법, 교복 규정을 개정할 때
고려해야 할 상위 법령, 공론화 사례 등을 제시했다는 점에서 과거에 비

해 발전했다고 볼 수 있지 않나 싶은데요.

정사랑 교사　교복에 대한 공론화를 위해 일선 학교가 참고할 수 있는 자료를 제공했다는 점에서는 긍정적으로 평가할 수 있어요. 다만, '편안한 교복'이라는 방향을 전제로 하여 제작한 자료인지라 그런지 다양한 쟁점에 관해 학교 구성원들이 숙고해 볼 수 있는 내용이 부족한 점은 아쉽다고 생각해요. 물론 교사나 학생이 직접 자료를 찾아보게 할 수도 있지만 기본적으로 제공되는 자료의 수준이 높아지면 그 수준 이상의 토론이 가능하기 때문에 기본 제공 자료의 수준을 높일 필요가 있다고 봐요.

교복의 경우만 생각해 봐도 '편안함'도 고려 대상이지만 그 외에 '학교에서의 복장 영역은 사생활로 보아야 하는가?', '복장 규정 위반 행동에 대해 어떻게 책임을 지을 것인가?', '교복이 비행 행동을 예방하는데 도움이 되는가?', '복장 위반 학생은 단지 불편해서 규정을 위반하는가?' 등 여러 가지 생각해 봐야 할 지점들이 있어요.

사회자　　어떤 것을 제시해 주면 좋을까요?

정사랑 교사　외국 사례, 논문, 통계 자료 등을 다양하게 제시하면 그 바탕 위에서 더 깊이 있는 토론이 가능해질 거예요. 규정을 개정하기 전에 설문조사를 하는 경우가 많은데 설문 내용도 단편적인 경우가 많아요.

이평화 교사　매뉴얼에 담긴 예시 설문지도 그렇더라고요. 설문지는 교육 주체들의 권리의식, 규정에 대한 심리적 반응, 규정 개정 이후에 일어날 상황에 대한 예측 등을 담아야 하는데 그저 어떻게 하기를 원하냐는 질문만 담겨 있어요. 선호도 조사 내지는 만족도 조사 수준인거죠.

최정의 교사　저도 매뉴얼을 봤는데요, 절차만 강조하던 과거에 비하면 낮다고 볼 수 있지만 공론화가 가능한 조건을 어떻게 마련할 것인지 대안이 없는 상황에서 내실 있는 공론화가 이루어지기가 참 어렵다는 생각도 듭니다. 구성원들이 충분히 고민하고 토의할 수 있는 최소한의 시간이 필요한데, 그런 시간을 충분히 마련할 수 있는 학교가 과연 얼마나 될까요?

사회자　학교에서 하기에는 제약 조건이 많습니까?

최정의 교사　주로 학교 자치 활동 시간을 활용해서 논의를 할 텐데 우선 학생 자치 활동 시간이 턱없이 부족해요. 안전 교육, 성폭력 예방 교육, 다문화 교육, 자살 예방 교육 등 필수적으로 해야 하는 교육은 점점 더 많아지고 있는데 교과 수업 시간은 줄어들지 않다 보니 결국 이러한 교육 활동이 대부분 자율활동 시간에 실시돼요.

박희망 교사　그러다 보니 학생 자치 활동으로 배정된 시간도 얼마 안 되고 학급회의를 할 수 있는 시간이 한 학기에 한 번이나 주어지면 다행이랄까요? 매뉴얼에 다양한 공론화 방법들이 제시되어 있지만 현실과는 거리가 먼 방법들이에요. 공론화가 가능한 조건을 만들지 않으면서 공론화를 하라고 하면 형식적으로 할 수밖에 없어요.

사회자   문서에는 그럴듯한 모습이 담기지만 실제로는 흉내만 내는 공론화가 될 수밖에 없다는 의견이시네요.

박희망 교사   맞아요. 인근 학교 애길 들어 보니 대체로 상황이 비슷하더라고요. 규정 개정은 하지만 공론화는 시늉만 하는 식으로들 했더라고요.

사회자   그렇다고 상황 탓만 하고 있을 수는 없는데 어떻게 하면 좋을까요? 저도 교과 수업 시수를 줄이고 비교과 교육 활동 시간을 늘렸으면 좋겠는데 입시 위주의 교육이 굳건한 상황에서는 요원한 일인 듯 싶은데요.

김우정 교사   비교과 교육이 중시되지 않는 상황에서는 자율활동 시간이 확보된다고 해도 학생들이 적극적으로 참여하리라는 보장이 없어요.

이평화 교사   제가 자율 활동 시간에 개정했으면 하는 규정이 있는지 물어본 적이 있는데요, 몇몇 아이들만 이거 해 달라, 저거 해 달라 요구하지 그 외에 아이들 상당수는 관심이 없더라고요.

사회자   자율 활동 시간을 이용한 논의도 쉽지 않다면 어떤 방법이 있을까요?

김우정 교사   그래서 저는 군이 자율 활동 시간을 이용해서 이런 논의를 하려 할 게 아니라 교과 수업 시간을 적극적으로 활용하는 게 좋다고 봐요.

정사랑 교사 특히 국어, 사회, 윤리(도덕) 수업에서 하는 게 좋죠. 예를 들어 국어과에서는 교복이나 화장 등 용의 복장과 관련된 쟁점을 가지고 토론의 형태로 수업을 진행해 볼 수 있고, 사회과는 학교 생활 규정과 상위 법령과의 관계, 규정 분석 보고서 작성, 규정 개정안 만들기 등이 가능하겠죠.
도덕이나 윤리과는 규정이 담고 있는 윤리의식과 규정에 포함하긴 어려우나 지켜야 할 윤리의식에 대해서 생각해 보는 수업이 가능할 것 같고요, 역사과에서는 학교 생활 규정의 변천 과정을 가르칠 수 있을 거고요. 수박 겉핥기식으로 규정을 살펴보는 게 아니라 깊이 있게 살펴보고 비판적으로 분석하게 하려면 교과 수업을 활용할 필요가 있다고 생각해요.

사회자   밀도 있는 수업을 진행한다면 실제 규정을 개정하는 데도 도움이 많이 되겠네요.

정사랑 교사 그렇죠. 학교에서 규정 개정을 추진할 때 보면 각 학급 회장 학생이 자기 반 학생들에게 바뀌길 원하는 내용을 물어보고, 학급회장들은 대의원회의에 가서 자기 반 학생의 의견을 발표해요. 대의원회의에서는 다수 학생이 원하는 것을 정리해서 제안하죠. 이 과정은 대개 다수결로 이뤄져요. 이렇게 하다 보니 여러 가지 상황을 고려하여 개정안을 제출하기보다는 다수 학생이 원하는 것을 해 달라고 요구하는 게 되어 버리죠.

사회자　　　　실제로 수업 시간을 활용해 보신 선생님 계신가요?

최정의 교사　　제가 국어 시간에 휴대 전화, 교복, 화장에 관해 토론하기 수행평가를 했는데 수행평가 이전과 이후에 생각이 달라진 학생이 꽤 있었어요. 규정 각 조항이 단순해 보이지만 사실은 굉장히 복잡한 현실을 고려해서 만들어진다는 것을 알게 됐다고 봐요.

예를 들어 "지나친 색조 화장은 금한다"라는 규정이 있다고 할 때 "'지나친'의 기준은 무엇인가?", "틴트를 칠하는 것은 색조 화장이 아닌가?", "bb 크림을 바르는 것은 색조 화장이 아닌가?", "할 수 있는 것과 할 수 없는 것을 나누는 경계는 어디에 그어야 하며 그렇게 그어야 하는 이유는 무엇인가?" 등을 질문하면 답하기가 쉽지 않죠. 이런 질문들에 대해 각자 답을 하고, 각자의 답을 공론장에서 나누면서 합의를 하는 과정을 거치면 '내가 바라는 대로 해주는 게 최고다.'라는 단순한 생각을 유지하기 어려워요.

이평화 교사　　저도 토론 수업을 하면 좋을 것 같긴 한데 어떤 원칙과 방법으로 하면 좋을지 모르겠어요. 서울시교육청은 '보이텔스바흐 합의'를 민주 시민 교육의 원칙으로 채택했다고 하는데, 이게 뭐죠?

정사랑 교사　　보이텔스바흐 합의는 1976년 독일의 보이텔스바흐에서 열린 정치교육 학술회의에서 합의한 것이라고 해요. 독일은 세계 대전을 일으킨 나라로서 극단주의에 대해 강한 경계심을 보이면서도 1960~70년대에 좌우 이념 논쟁이 격했다고 해요. 정치인들은 정치교육에 대해서도 부딪혔는데 이러한 대립을 극복하기 위해 교육자들이 모여 합의를 했고 그 결과가 보이텔스바흐 합의라고 합니다.

여기에서 논쟁적인 주제를 수업에서 다루는 원칙을 세 가지로 정리했는데 이렇습니다. 첫째, 교화 또는 주입을 금지한다. 둘째, 학문적 또는 정치적으로 논쟁적인 사안은 학교 수업에서도 논쟁적으로 다뤄져야 한다. 셋째, 학생은 자신의 이익에 따라 정치적 상황에 영향을 끼칠 수 있어야 한다.

김우정 교사　최근 우리나라에서도 한국판 보이텔스바흐 합의를 추진하자는 움직임이 있죠. 서울시교육청은 보이텔스바흐 합의를 민주 시민 교육 원칙으로 채택한 것이고요.

최정의 교사　그런데 보이텔스바흐 합의는 독일의 역사적 맥락 속에서 만들어져 발전되어 온 것입니다. 이것을 참고할 필요는 있지만 우리나라에 그대로 적용하는 것은 바람직하지 않다고 봐요.

사회자　아무래도 우리의 역사적 맥락은 독일과 다르니까요.

최정의 교사　맞습니다. 제가 볼 때 교화 또는 주입을 금지한다는 원칙은 자유주의와 맞물려서 교사의 개입 자체를 부정적으로 보게 하는 결과를 낳을 수도 있어요. 사실 독일에서도 학생에게 자율성을 준다는 의미라기보다는 나치의 탄생에 기여한 독일 국민의 수동적 태도에 대한 반성으로 나온 원칙이라고 하죠.
교사가 기계적 중립을 지킨다고 해서 학생들의 자율성이 길러질까요? 오히려 여론 형성 영향력을 지닌 학생의 영향력만 커질 수 있어요. 또는 사회 여론의 영향을 강하게 받겠죠.

최근 인터넷이 젊은 세대에게 강력한 영향을 미친다는 점을 고려하면 온라인에 떠돌아다니는 가짜 정보, 근거가 희박한 주장들로부터 학생들이 강하게 영향을 받을 거라는 점을 짐작할 수 있어요.

정사랑 교사 　그렇다면 저는 오히려 '학생들의 삶에 직접적인 영향을 미치는 문제를 교과 수업 시간에 다루어야 하며 점차 거시적인 문제에도 관심을 가질 수 있게 해야 한다', '교사는 수업 주제와 관련한 다양한 입장과 근거를 제시해 주어 학생들이 자신의 이익만을 위해 판단하지 않도록 하며 자신의 이익과 타인의 이익을 함께 고려하여 판단하도록 해야 한다', '학생이 주권자로서의 정체성을 확고히 하도록 하며, 행동하는 주권자가 될 수 있게 한다' 와 같은 원칙이 적절하지 않나 싶네요.

박희망 교사 　좋네요. 학교 생활 규정에 대한 수업을 실제 규정 개정과 연계하면 참 좋겠다는 생각도 들어요. 수업만 하고 실제 삶으로 연결되지 않으면 학생들은 수업이 무용하다고 느낄 테니까요. 반대로 수업을 실제 규정 개정과 연계하면 학생들은 수업을 더 가치 있다고 느낄 것 같아요.

이평화 교사 　규정 개정을 위한 토론은 방송을 통해 보여 주는 것도 좋은 방법인 것 같아요. 다양한 입장이 존재한다는 것, 학생의 의견을 반영한다는 것이 곧 학생의 의견대로 하는 것을 의미하지는 않는다는 것, 개정된 규정이 모두의 노력을 통해 얻어진 소중한 성과라는 것을 학생들이 알았으면 좋겠어요.

박희망 교사　맞아요. 형식적 절차만 갖추어 개정하면 학생들은 우리가 원하는 대로 되는 것도 아닌데 뭐하러 의견을 내냐고 생각하기도 하는데 내실 있는 토론과 합의의 과정을 거치면 원하는 대로 되지 않더라도 수긍하게 되고, 그런 과정에서 학생들은 주권자로서의 의식을 갖게 될 거라고 봐요.

사회자　규정의 내용 중에서 논쟁점이 있을 경우 그 내용을 가지고 토론 수업을 진행해 보거나 특정 주제와 관련해 비판적으로 분석하는 수업, 규정의 변천 과정이나 규정과 관련된 다양한 법 체계를 살펴보는 수업 등 학교 생활 규정 자체가 다양한 교과에서 활용 가능한 훌륭한 교육 자료가 될 수 있다는 내용이 매우 인상적이네요. 또한 수업과 연계해 규정 제·개정 활동을 진행함으로써 학생들의 주인 의식과 주권자 의식을 기를 수 있다는 점에서 학교 생활 규정을 통한 교육이 소위 '민주 시민 교육'보다 우리에게 더 실질적으로 필요한 교육이라는 지적도 공감되는 대목입니다.

지금까지 학교 생활 규정의 문제점을 살펴보고 학교 생활 규정이 어떤 방향으로 변해야 할지에 대해 이야기 나누었습니다. 우리의 논의가 학교 생활 규정을 새롭게 바라보고 교육적으로 활용하고 접근하는 데 도움이 되길 바라며 좌담회를 마칠까 합니다.

교사가
학생의 수업 참여를
강제할 수 있는가?

현행 복장규정을
유지해야
하는가?

학교에서
학생의 휴대전화 소지 및
사용제한,
어디까지가 적절한가?

학생 화장,
어디까지가
적절한가?

학교에서의
욕 사용,
어떻게 할 것인가?

2

학교생활규정
토론자료

교사가
학생의 수업 참여를
강제할 수 있는가?

승준　　　　저는 이미 진로를 정했어요. 가수가 될 거예요. 소속사와 계약해서 연습생으로 들어갔어요. 방과 후에는 노래랑 춤 연습을 하느라, 학교에 가면 너무 피곤해서 수업을 들을 수가 없어요. 가수 되는 데 필요한 것도 아니구요. 그래서 1교시부터 7교시까지 엎드려 자거나 예체능 실습 시간에는 구석에서 노래 연습해요. 저는 제 꿈을 위해 열심히 살고 있다고 생각해요.

선혜　　　　저는 수능에서 동아시아사를 선택하지 않았어요. 그래서 동아시아사 수업 시간에는 차라리 한국사를 공부하고 있어요. 당장 내일모레가 수능인데 왜 동아시아사 수업을 들으면서 시간 낭비를 해요?

윤성　　　　수학 수업은 열심히 들어도 무슨 말인지 하나도 모르겠어요. 그런데 왜 수업 듣고 필기해야 해요? 숙제도 못해 와요. 몰라서 못하는 걸 어쩌라는 말이예요? 친구의 숙제를 베끼는 것보다는 낫잖아요!

미경   과학 시간은 정말 수면제예요. 너무 재미없어요. 졸려
요.어차피 과학 시간에 못 들은 수업은 인터넷 강의로 보강하고 있어요.
그러면 된 거 아닌가요?

        위 학생들은 모두 그 수업에 참여했다고 볼 수 없습니다.
하지만 요즘 학교에서는 학생들에게 그에 대한 책임을 지게 하지 않는
것 같습니다. 위 학생들은 모두 수업에 불참했을 뿐 다른 문제는 없을까
요? 혹시 그런 행위가 단순히 수업 불참을 넘어 교사의 수업 활동과 급
우들의 학습 분위기를 방해했다고 볼 수는 없을까요?

    요즘에는 수업에 참여하지 않는 학생들이 많습니다. 수업 시간에 애
당초 준비물 자체를 구비해 오지 않는 학생들도 많습니다. 수업 종이 울
려도 늦게 입실하고, 책상 위에 아무 것도 준비하지 않습니다. 그 학생
에게 교과서를 꺼내라, 지난 시간에 나눠 준 학습지를 찾아라, 필기구를
꺼내라 등의 지시를 할 동안 수업이 지체됩니다. 그렇게 해서 겨우겨우
수업을 시작해도 학생은 아무것도 하지 않습니다. 교사가 그 학생 옆에
서 계속해서 지시를 해야 간신히 수업에 따라 오는 시늉을 합니다. 하지
만 교사는 다른 학생들의 학습도 지도해야 합니다.

    그런 학생들은 과제를 해 오지 않음은 물론이고, 심지어 성적에 반영
되는 수행평가에도 참여하지 않습니다. 교사가 지속적으로 수행평가
물을 작성하여 제출하도록 권하고 또 권하면 '평가를 하지 않고 최하
점을 받겠으니 더 이상 평가를 권유하시지 마시라', '수업 방해하는
것도 아닌데 내버려 둬라' 와 같은 반응을 보입니다. 학부모 상담을 해

보아도 교칙 위반이나 학교 폭력에 비해서는 매우 사소한 문제라고 생각합니다.

위와 같은 지도 과정에서 교사들은 상당한 교권 침해와 감정 폭력을 당하기도 합니다. 그렇기 때문에 그런 학생들에 대한 지도를 아예 포기하는 교사들이 많아집니다. 차라리 그 에너지를 수업에 열심히 참여하는 학생들을 위해 온전히 쓰는 것이 옳다고 생각하기도 합니다. 다른 한편에서는, 교사에게는 학생에 수업에 참여할 수 있도록 강제할 수 있는 법적인 권한이 필요하다고 주장이 생기기 시작했습니다.

수업에 참여하고 말고는 개인의 선택이므로 학생의 자율성에 맡겨야 할까요? 아니면, 이러한 학생들이 수업에 참여하게 할 수 있는 권한이 교사에게 주어져야 할까요?

교육 주체의 인식

수업 불참 | 수업 활동에 관여하지 않음. 수업 거부와 수업 방해가 있다.

(1) 수업 거부 : 수업을 자신의 학습으로 받아들이지 않고, 활동하지 않음.

(2) 수업 방해 : 수업 활동을 막고, 수업 분위기에 해를 끼침.

1-1 (학생들은) 학교 수업에 '불참'한 적이 있나요?(일시적인 불참이 아닌 반복적·지속적인 불참 - 특정 과목의 수업, 특정 교사의 수업, 학교 수업 대부분의 경우 모두 포함)

① 예	
② 아니요	

1-2 수업에 '불참'하는 학생들의 이유는 무엇이라고 생각하나요?(복수 선택 가능)

	학생	학부모	교사
① 필요 없어서			
② 재미 없어서			
③ 어려워서			
④ 졸업장만 있으면 되기 때문에			
⑤ 선생님이 싫어서			
⑥ 성취 경험 부재로 인한 누적된 무기력			
⑦ 기타			

2-1 수업 '불참'에 해당한다고 생각하는 사례는? (복수 선택 가능)

	학생	학부모	교사
① 준비물(교과서, 학습지, 필기구 등 포함)의 습관적 미구비			
② 수업 시간 지각			
③ 수업 중 이동(ex. 사물함으로 가서 책 가지고 오기, 쓰레기 버리고 오기, 물 마시고 오기, 화장실 다녀오기)			
④ 떠들기			
⑤ 잠			
⑥ 교사가 지시하는 필기 안하기			
⑦ 숙제 안 하기			
⑧ 수행평가 안 하기			
⑨ 모둠활동에 소극적인 태도			
⑩ 낭독 거부			
⑪ 발표 거부 및 교사의 질문에 묵묵부답			
⑫ 수업에 관계없는 행동하기(ex. 개인 독서, 그림 그리기, 낙서, 다른 과목 공부 등)			
⑬ 기타			

2-2 2-1의 사례들에서 수업 '방해'에도 해당한다고 생각하는 것은?
(복수 선택 가능. 타인의 행동으로 방해 받았던 경험이 있다면 적어 봅시다.)

2-3 수업 불참 행위에서 학교 교사가 교육자로서 반드시 지도해야 한다고 생각
하는 것과 그 이유는? (복수 정답 가능)

3 교사가 반드시 지도해야 한다고 생각하는 수업 불참 행위와 관련해서 학교 생활 규정에 어떤 조항을 넣으면 좋을까요? (복수 선택 가능)

	학생	학부모	교사
① 체벌			
② 교육 벌			
③ 학생 상담			
④ 학부모에게 공지 및 상담			
⑤ 반성문 및 서약서 작성			
⑥ 교실에서 수업 방해에 대한 공개 사과			
⑦ 미인정 결과로 출석 처리			
⑧ 수행평가 점수에 반영			
⑨ 학생선도위원회 회부			
⑩ 학교 생활기록부에 기재			
⑪ 기타			

4 수업 불참 행위들을 교사가 지도하지 않고, 학생의 자율에 맡긴다면 어떠한 일들을 벌어질까요?

여러 가지 입장과 근거

1
학교는 학생들의 진로를 위해
존재하는 곳이다

학교는 개인의 교육받을 권리를 보장하기 위해 탄생하였고, 그로 인해 존재합니다. 교육을 받는 가장 중요한 이유는 직업 및 진학 등 진로 때문입니다. 그렇기 때문에 고등학교는 특수목적 고등학교, 인문계 고등학교와 특성화 고등학교 등으로 나뉩니다. 직업을 위해 위탁기관에서 교육을 받는 것도 학력으로 인정해 줍니다. 현재 중학교에서의 자유학기제와 고등학교에서의 고교학점제도 교육부가 학교의 여러 역할 중 진로와 직업에 관한 역할을 가장 중요하게 여기고 있다는 것을 보여 줍니다.

교육 기본법

제12조(학습자) ② 교육내용 · 교육방법 · 교재 및 교육시설은 학습자의 인격을 존중하고 개성을 중시하여 학습자의 능력이 최대한으로 발휘될 수 있도록 마련되어야 한다.

제21조(직업교육) 국가와 지방자치단체는 모든 국민이 학교교육과 사회교육을 통하여 직업에 대한 소양과 능력을 계발하기 위한 교육을 받을 수 있도록 필요한 시책을 수립 · 실시하여야 한다.

교육 기본법에도 학습자의 개별적인 능력이 중시되어야 하며, 모든 국민이 직업에 대한 소양과 능력을 계발하기 위한 교육을 받아야 한다고 되어 있습니다.

그렇지만 학교의 모든 수업이 학생 개개인의 진로와 관련이 있을 수는 없습니다. 대학수학능력시험을 앞둔 고3 학생에게 수능을 보지 않을 교과 수업을 듣는 것은 시간 낭비입니다.

요즘 아이돌 가수들 대부분은 이미 중·고등학교 때 진로를 정하고 소속사와 계약해서 연습생으로 들어가서 방과 후에 노래와 춤 연습을 했습니다. 학교에 가면 너무 피곤해서 수업을 들을 수가 없었다고 합니다. 가수가 되기 위해 필요한 수업 또한 아닙니다. 그래서 수업에 전혀 참여하지 않았지만 그 학생은 자신의 꿈을 위해 열심히 살았고, 크게 성공하여 사회에 기여하며 살고 있습니다.

2
학교의 모든 교육과정은
개인의 활동을 넘어 집단의 활동이다

　학교는 국민들이 개인의 교육받을 권리를 보장하기 위한 곳이 맞습니다. 그렇지만 단체 생활을 배우는 사회화 교육 기관이기도 합니다. 많은 학생과 학부모는 본인들이 교육 소비자이고 그렇기 때문에 학교는 학생 개개인의 구미에 맞게 원하는 것만을 해줘야 한다고 착각하고 있습니다. 집단이 함께 생활하는 곳에서 개인의 권리를 보장받기 위해서는 타인의 권리를 존중해야 합니다.

　　교육 기본법
　　제3조(학습권) 모든 국민은 평생에 걸쳐 학습하고, 능력과 적성에 따라 교육 받을 권리를 가진다.
　　제12조(학습자) ① 학생을 포함한 학습자의 기본적 인권은 학교교육 또는 사회교육의 과정에서 존중되고 보호된다.

　교육 기본법에서의 '학습자'와 '학습권'은 '개인'으로서의 학습자와 '개인'의 학습권만을 의미하지 않습니다. '집단'으로서의 학습자, '집단'으로서의 학습권 등 집단 인권도 존재합니다.
　수업을 받는 '학생들'이라고 할 때, 이는 개개인들의 집합체에 불과한 것이 아닙니다. 수업에서의 '개인'의 행위는 결코 '개인'의 행위로만 끝나지 않습니다. 개인의 학습 의지가 가장 중요한 것 또한 사실이지만 학습 분위기가 좋은 학급에서는 그 의지가 더욱 강하게 발현됩니다.

실제로 학생들의 대다수는 평소에 학습 의지가 있긴 있으나 그다지 강하지 않은 학생들입니다. 이 학생들은 전체적인 수업 분위기에 많은 영향을 받습니다.

수업 시간에 잠을 자는 학생들이 가장 많이 하는 변명이 '수업에 방해되는 것이 아니다.'입니다. 하지만 직접적인 방해만이 방해가 아닙니다.

소극적 수업 방해 또한 명백한 방해입니다. 수업 시간에 잠을 자는 분위기가 만연해지면 평소에 잠을 자지 않는 학생들도 잠을 자게 됩니다.

모둠 활동에 소극적이라는 것은 곧 다른 모둠원들에게 그 책임을 전가한다는 의미입니다. 활동에 소극적인 모둠원이 많은 모둠은 전체적으로 활동 의지를 상실하게 됩니다.

3
교사의 강제성보다 학습자의 내재적 동기에 맡기는 것이 교육적이다

수업을 들어도 무슨 말인지 이해하기 어렵고, 흥미가 생기지 않아 도무지 집중하기 어려운 경우도 많습니다. 이런 학생들에게 강제적으로 적극적인 수업 태도를 요구하는 것은 현실적으로 어렵습니다.

교육 기본법
제14조(교원) ② 교원은 교육자로서 갖추어야 할 품성과 자질을 향상시키기 위하여 노력하여야 한다.

교사가 학교 생활 규정으로 강제하기 보다는 학생들이 스스로 수업에 즐겁게 참여할 수 있도록 흥미와 동기를 유발하는 교수학습 방법을 개발하는 것이 위 법에서 말하고 있는 '교원의 품성과 자질'이며, 교육적으로도 바람직합니다.

그렇기 때문에 2015 개정 교육과정에서도 학생이 학습동기를 갖고 능동적으로 수업에 참여할 수 있는 학생 참여 수업을 장려하고, 학습 내용을 실제적 맥락 속에서 적용하고 활용할 수 있는 기회를 충분히 제공하도록 하고 있습니다. 이에 따라 교사는 학생이 교육활동에 적극적으로 참여할 수 있도록 다양한 방안 마련을 위해 노력해야 할 것으로 생각됩니다.

4
학생의 자율성과 내재적 동기에만 맡기는 것은
교사의 책임 방기이다

초중고등학교는 미성년자들을 교육하는 곳입니다. 이 사회를 살아가는 데 꼭 배워야 하는 것, 배울 가치가 있는 것을 선별한 것이 바로 교과목입니다. 이 사회를 살아가는데 배울 가치가 있는 것이라면, 배우게 하는 것이 교사의 의무입니다.

그리고 동기에는 내재적 동기와 외재적 동기가 있습니다. 내재적 동기를 이끌어내는 일이 가장 바람직하다는 것은 누구나 잘 알고 있습니다. 전적으로 외재적 동기에만 맡기는 것이 바람직하지 않듯 100% 내재적 동기에만 맡길 수도 없습니다. 외적 동기 또한 중요한 학습 동기입니다. 그리고 외적 동기 유발이 내적 동기 유발로 이어지는 경우가 가장 보편적이고 일반적인 사례입니다.

성인들인 대학생들조차도 자신에게 부족한 소양을 파악하고 이를 함양하기 위한 강의를 수강하기보다는 점수 잘 나오는 강의, 취업이 잘 되는 강의, 힘들지 않은 강의, 과제가 적은 강의를 택하고자 합니다. 하물며 서로 다른 배경에서 자란 다수의 미성년자들이 모여 있는 공간에서 학습이라는 공동의 목표를 달성해야 하는데, 그것을 내재적 동기에만 맡기는 것은 실현 가능성이 매우 낮습니다.

학생들이 토론보다 게임을 좋아한다고 토론을 가르치지 않고, 매일 게임만 하는 것이 올바른 교육 방법일까요? 내재적 동기에만 맡기면 학습은 절대로 일어나지 않습니다.

특히 기초학력이 미달된 학생들의 경우, 그 원인을 분석해 보면, 초등학교 저학년 때부터 학습 습관이 몸에 배어있지 않은 것이 전혀 교정되지 않은 채 자라왔고, 그 학년에서 배워야 할 것을 제대로 배우지 못한 채로 다음 학년으로 진급해 온 것이 누적된 결과입니다.

이런데도 학생의 자율성과 내재적 동기라는 비현실적인 명분 뒤에 숨어서 아무런 강제도 하지 않는 것이야말로 '교원의 품성과 자질'에 어긋나는 것입니다.

5
개인의 다양한 특징을 무시하는 것은
인권 침해이다

여러 해를 거쳐 학교에 다녀도 끝내 강의식·설명식 수업에 적응하지 못하는 학생이 부지기수입니다. 이것은 노력으로 극복이 어려운 것이라고 생각합니다. 수업 참여 의지는 강하지만 소극적인 성격 때문에 모둠 활동에 참여하지 못할 수도 있고, 음악 시간에 가창 수행평가를 도무지 할 수 없을 수도 있습니다. 개인적인 트라우마로 체육 시간에 신체활동이 어려울 수도 있습니다. 또 다른 예를 들어, 독실한 개신교 신앙을 가진 학생이 가톨릭 고등학교로 배정되어 종교 수업을 강제로 듣게 하는 것은 심각한 인권 침해 문제가 될 수도 있습니다.

교육 기본법

제4조(교육의 기회균등) ① 모든 국민은 성별, 종교, 신념, 인종, 사회적 신분, 경제적 지위 또는 신체적 조건 등을 이유로 교육에서 차별을 받지 아니한다.

교육 현장에서 모든 국민들의 종교, 신념, 신체적 조건 등 개인의 특징을 존중해야 한다고 생각합니다.

6

수업은 교과 지식 뿐만 아니라
교칙을 학습하는 시간이기도 하다

　사람들은 학교를 자신의 학습권을 위해서 다니는 곳이라고만 생각합니다. 친구들과 선생님들과 함께 생활하는 공동체라고는 생각하지 못합니다. 학교는 개개인이 행복을 추구하고 꿈을 실현하도록 해 주는 곳이기도 하지만 그 개개인이 사회의 구성원으로서 타인과 함께 살아가는 규칙을 학습시키는 곳이기도 합니다. 이것 또한 학교의 중요한 역할입니다.

> 교육 기본법
> 제2조(교육이념)　교육은 홍익인간(弘益人間)의 이념 아래 모든 국민으로 하여금 인격을 도야(陶冶)하고 자주적 생활능력과 민주시민으로서 요한 자질을 갖추게 함으로써 인간다운 삶을 영위하게 하고 민주국가의 발전과 인류공영(人類共榮)의 이상을 실현하는 데에 이바지하게 함을 목적으로 한다.
> 제9조(학교교육) ③ 학교교육은 학생의 창의력 계발 및 인성(人性) 함양을 포함한 전인적(全人的) 교육을 중시하여 이루어져야 한다.
> 제12조(학습자) ③ 학생은 학습자로서의 윤리의식을 확립하고, 학교의 규칙을 준수하여야 하며, 교원의 교육·연구활동을 방해하거나 학내의 질서를 문란하게 하여서는 아니 된다.
> 제14조(교원) ① 학교교육에서 교원(敎員)의 전문성은 존중되며, 교원의

경제적·사회적 지위는 우대되고 그 신분은 보장된다. ③ 교원은 교육자로서의 윤리의식을 확립하고, 이를 바탕으로 학생에게 학습윤리를 지도하고 지식을 습득하게 하며, 학생 개개인의 적성을 계발할 수 있도록 노력하여야 한다.

일단, 자신을 포함한 여러 사람 앞에서 누군가가 이야기를 할 때, 경청하지 않는다는 것 자체가 우리 사회의 보편적인 도덕 규범에 어긋나는 행위입니다. 이를 눈 감아 주는 것은 교육적으로 바람직하지 못합니다.

수업 시간은 교과 지식 뿐만 아니라, 학습 윤리를 배우고, 교칙을 학습하는 시간입니다.

교사의 수업 행위는 교실에서의 의무이기도 하지만 권리이기도 합니다. 교사는 방해받지 않고 수업할 권리가 있습니다. 국민 교육을 담당하는 공공 기관에서의 수업을 방해하는 것은 공무 집행 방해이며, 국가가 교사에게 준 권한을 침해하는 것입니다.

원하면 참여하고 원하지 않으면 참여하는 것은 올바른 태도가 아니며, 이것이 학생들의 보편적인 행동이 되는 것은 한국 공교육이 완전히 실패하였음을 반증하는 것입니다.

토론문 작성하기

1

토론문 작성 요령

청중이 자신의 말을 알아들을지 의식하면서 작성해야 합니다. 자신만 이해할 수 있는 말을 하면 청중들은 의아해 하고 연사의 말에 집중하지 않게 됩니다.

1. 도입부   청중들의 관심을 끌만 한 말을 하여 앞으로 전개할 주장에 대해 관심을 갖게 합니다. 때로는 의도적으로 본론을 꺼내는 경우도 있습니다.

2. 본론   자신이 주장하는 바가 무엇인지 말하고 이유와 근거를 구체적으로 제시합니다. 다른 주장의 문제점에 대해 비판합

니다. 비판할 때도 설득력 있는 근거가 필요합니다.

3. 결론   주장하는 바를 요약하여 제시합니다. 주장의 핵심이 무엇
              인지 청중들이 이해할 수 있도록 간결하게 말합니다.

2
토론문에 포함할 내용들

1 우리 학교 규정과 다른 학교 규정의 비교
■ 우리 학교 규정과 다른 학교 규정의 공통점과 차이점은 무엇인가?
■ 우리 학교 규정과 다른 학교 규정의 장점과 단점은 무엇인가?

2 규정으로 수업 참여를 강제할 수 있다 VS 해서는 안된다는 입장에 대한 지지 또는
비판
■ 수업 참여 여부는 학생 개인의 선택에 해당하는가?
■ 규정으로 수업 참여를 강제하는 것은 개인의 자율성 침해인가?
■ 수업 시간 내에서의 개인의 행위는 온전히 개인의 행위에 그치는가?
■ 수업 거부와 수업 방해의 관련성은?
■ 수업 불참과 교권 침해와의 관계는?
■ 수업 불참 학생에 대한 교사의 바람직한 태도는 무엇인가?
■ 수업 불참을 제재할 수 있는 규정이 없을 때 발생하는 문제점은?
■ 수업 참여를 개인의 선택에만 맡길 때 발생하는 문제점은?
■ 수업에 제대로 참여하지 않은 교과목을 학교 생활기록부상에서는
  이수했다고 처리하여 졸업장을 수여하는 것은 진정한 학력 인정인가?

3
수업 불참과 관련한 학교 생활 규정을 어떻게 해야 할까?

- 행규정을 유지해야 한다고 생각하는 경우 유지해야 하는 이유와 근거를 제시
- 규정을 개정해야 한다고 생각하는 경우 개정안 제시, 개정해야 하는 이유와 근거를 제시

4
발표자에게 반론하거나 질의하는 방법

- 발표자의 주장 중 근거가 잘못되었거나 불충분한 것이 있는지 살핍니다.
- 발표자가 중시하는 것과 내가 중시하는 것 중 무엇이 더 중요한 것인지 생각해 봅니다.
- 발표자의 설명이 부족하여 이해하기 어려운 내용이 있는지 생각해 봅니다.

조별 토론하기

1
조별 토론을 통해
수업 불참의 범위를 명시해 봅시다

① 준비물(교과서, 학습지, 필기구 등 포함)의 습관적 미구비
② 수업 시간 지각
③ 수업 중 이동(ex. 사물함으로 가서 책 가지고 오기, 쓰레기 버리고 오기, 물 마시고 오기, 화장실 다녀오기)
④ 떠들기
⑤ 잠
⑥ 교사가 지시하는 필기 안하기
⑦ 숙제 안 하기

⑧ 수행평가 안 하기

⑨ 모둠활동에 소극적인 태도

⑩ 낭독 거부

⑪ 발표 거부 및 교사의 질문에 묵묵부답

⑫ 수업에 관계없는 행동하기(ex. 개인 독서, 그림 그리기, 낙서, 다른 과목 공부 등)

⑬ 기타

2
1에서 선택한 각각 수업 불참 행위마다
어떻게 제재해야 하는지 규정을 만들어 봅시다

① 체벌

② 교육 벌

③ 학생 상담

④ 학부모에게 공지 및 상담

⑤ 반성문 및 서약서 작성

⑥ 교실에서 수업 방해에 대한 공개 사과

⑦ 미인정 결과로 출석 처리

⑧ 수행평가 점수에 반영

⑨ 학생선도위원회 회부

⑩ 학교생활기록부에 기재

⑪ 기타 시, 개정해야 하는 이유와 근거를 제시

현행 복장 규정을 유지해야 하는가?

"영진아, 교복 마이 안에 입은 맨투맨 티셔츠 벗어야 되겠다. 규정 상 안 되는 거 알지?"

"왜요? 다른 선생님들은 아무 말 안 하셨는데."

"다른 선생님들은 못 보셨겠지. 나도 가끔 못 보는 경우 있어."

"맨투맨 안에 교복 남방도 입었고 밖에 마이도 입었는데요. 입을 거 다 입고 추워서 맨투맨 입은 건데 왜 안 돼요?"

"월요일에 방송으로 안내하고 게시판에도 안내문 붙여 놨잖아. 교복을 다 갖춰 입고 추우면 외투를 걸치면 된다고. 외투가 아닌 사복은 같이 입지 말라고 안내돼 있어."

"아! 우리 학교 너무 짜증나요. 친구네 학교는 된다는데 우리 학교는 왜 안 돼요?"

"그 학교 어디니? 그 학교 규정 살펴봤어? 규정 상 되는 건지, 안 되는데 선생님들이 봐 준 건지, 걔가 안 걸린 건지 어떻게 아니? 네 친구 말만 듣고 함부로 일반화하지 마라."

"아, 진짜!"

최근 교복과 사복을 함께 입는 학생이 많습니다. 교복 남방 위에 맨투맨 티셔츠를 입거나 후드티, 후드짚업을 입기도하고 교복 외투(마이) 없이 사복 외투를 입는 경우도 흔합니다. 교복 남방이나 바지 중 한 가지만 입고 그 외에는 모두 사복을 입는 경우도 있습니다. 이러한 복장을 허용하는 학교도 있지만 허용하지 않는 학교가 더 많습니다. 규정 위반임에도 위반인지 모르는 학생이 많고 위반임을 아는 학생도 문제 될 게 없다고 생각합니다.

교복 착용 방법이 명시되어 있는데도 지키지 않는 학생이 많은 현실을 두고 어떤 선생님들은 "차라리 교복이 없었으면 좋겠다. 지도를 안 할 수도 없고 하자니 규정을 어기는 아이들이 너무 많아 엄두가 안 난다. 마음만 불편하다."라고 말씀하시기도 합니다. 규정은 있으나 지키지 않아도 되는 현실은 분명 문제입니다. '강제되지 않는 규범은 지키지 않아도 된다.'는 가치관을 내면화하게 하기 때문입니다. 복장 규정 어떻게 해야 할까요? 현행 규정을 유지해야 할까요? 추가로 반바지나 춘추복 생활복을 도입해야 할까요? 일부 사복을 혼용할 수 있도록 규정을 개정해야 할까요? 규정을 지키도록 하려면 어떻게 하는 게 좋을까요? 현재의 지도 방법을 유지해야 할까요? 개정해야 할까요?

❖ 먼저 짧은 영상[1]을 보고 소감을 적어 봅시다.

1   영상 속 학생들은 교복의 어떤 점에 대해서 불만을 갖고 있나요?

2   생활한복 교복, 후드티 교복, 반바지 교복을 보면서 어떤 생각이 들었나요? 그런 생각을 한 이유는 무엇인가요?

3   우리 학교 교복 규정에 대해 어떻게 생각하나요? 그렇게 생각하는 이유도 함께 적어 보세요.

---

1 https://www.youtube.com/watch?v=9YEYsAHgxW0, 2018년 5월 13일 kbs 뉴스 보도 영상

지금부터 복장 규정에 대해 본격적으로 살펴봅시다. 먼저 우리 학교 복장 규정과 다른 학교 복장 규정, 학생의 복장과 관련하여 살펴볼 필요가 있는 법령을 살펴보고 분석해 봅시다.

다음으로는 복장 규정과 관련하여 교사, 학생, 학부모가 어떻게 생각하고 있는지 비교해 봅시다.

세 번째로 복장 규정과 관련한 주요 쟁점을 깊이 탐구하면서 자신의 생각을 정리해 봅시다. 바람직한 복장 규정은 무엇이며 그 근거는 무엇인지, 복장 규정 위반을 예방하기 위한 효과적인 방안은 무엇인지, 복장 규정을 위반한 학생이 다시 위반하지 않게 하려면 어떤 책임을 지워야 하는지 생각해 봅시다.

우리 학교 복장 규정 및 관련 법령

1
우리 학교 규정[2]

제3장 교복

제7조(종류) 교복의 종류는 동복과 하복 및 춘추복, 여름생활복, 겨울생활복으로 한다.(자세한 내용 별도 공개)

제8조(착용기간) 교복착용기간은 원칙적으로 다음과 같이 정하되, 기상(일기)상황에 따라 학생이 체감하는 온도차를 고려하여 자유로운 착용을 허용한다.

1. 동복은 11월 1일 ~ 다음 해 4월 30일까지 착용한다.

---

2 이 부분에 해당 학교 규정을 넣어 편집하면 됨.

2. 혹한기(12월 1일 ~ 2월 28일)에 한해서 외투를 입을 수 있다.

3. 하복은 6월 1일 ~ 9월30일까지 착용한다.

4. 춘추복은 5월 1일 ~ 5월 30일까지, 10월 1일 ~ 10월 31일까지 착용한다.

제9조(제한)

1. 운동복 및 반바지, 슬리퍼를 신고 등교, 맨발로 등하교 하는 것은 금한다.

2. 교복과 자유복 또는 교복과 체육복을 함께 입고 등교할 수 없다. 단, 혹서기 및 혹한기에 일시적으로 학교장의 승인 후 체육복을 입고 등교할 수 있다.

3. 체육 특기자는 교복 또는 소정의 운동복을 입고 등교할 수 있다. 단, 특별한 경우로 운동복을 입고 등교할 때는 명찰과 교표를 착용하지 않는다.

4. 체육대회, 체력장 등 체육 관련 학교 행사에는 체육복 차림의 등교를 허락할 수 있다.

【2010. 11. 10 개정 후 용의 복장 세부 기준】

Y셔츠 블라우스	• 흰색 계열의 옷을 안에 받쳐 입도록 권장함 • 하복착용시 여학생의 경우 개인차를 고려하여 학생생활안전부장의 승인 하에 남학생용 와이셔츠 착용을 허용할 수 있다.	
	• 지정된 Y셔츠	• 지정된 블라우스
넥타이	• 지정된 색상 및 디자인(*짙은 고동색 바탕에 사선 줄무늬)	
재킷 (마이)	• 지정된 색깔(검정색 계통) 및 디자인 • 혹한기 등의 기상 상황에 따라 학교장의 승인 후에 한시적으로 마이 대신 보온성이 좋은 외투를 착용할 수 있다.	
조끼	• 지정된 색깔 (남: 곤색 , 여: 곤색, 교복색)	• 카디건은 자율선택에 의해서 착용 • 카디건과 조끼 중 선택하여 1개는 반드시 착용
카디건	• 진한 카키색 / 베이지색 라인	
양말 및 스타킹	• 양말 또는 스타킹 착용(단, 혹서기 및 우천 시 착용하지 않을 수 있다.)	

바지	• 끝단을 풀지 말아야 한다. • 땅에 끌리지 않아야 한다. • 바지통을 줄이지 말아야 한다. • 여학생은 개인의 자율 의사에 따라서 착용 가능.
치마	• 무릎정도의 길이로 의자에 앉았을 때 불편하지 않도록 함. ※ 치마 및 교복 수정은 불가능
가방	• 등하교시 휴대
명찰·교표	• 호주머니 및 탈부착 형으로 패용할 수 있다. (권고사항)
기타	• 귀걸이, 피어싱 등 교육활동에 방해되는 악세서리 착용 금지 • 파마,염색 눈화장을 포함한 색조화장 금지 • 수업 중 휴대폰 사용 금지(※ 시험기간 휴대 금지) • 문신 금지, 써클렌즈 착용금지

【학생 선도 기준표】

항	행위 내용	해당되는 선도내용				
		학교 내의 봉사	사회 봉사	특별 교육 이수	출석 정지	퇴학
4	학기별로 복장 규정을 5회 위반 하는 행위					
43	동일 사안으로 선도위원회에 회 부된 때에는 다음 단계의 선도 내 용을 단계적으로 적용	V				

2

○○고등학교 학생생활 규정

제12조(복장) ① 교복과 자율복을 병행하여 착용할 수 있다.

3
헌법

제10조 모든 국민은 인간으로서의 존엄과 가치를 가지며, 행복을 추구할 권리를 가진다. 국가는 개인이 가지는 불가침의 기본적 인권을 확인하고 이를 보장할 의무를 진다.

제17조 모든 국민은 사생활의 비밀과 자유를 침해받지 아니한다.

제37조 ② 국민의 모든 자유와 권리는 국가안전보장·질서유지 또는 공공복리를 위하여 필요한 경우에 한하여 법률로써 제한할 수 있으며, 제한하는 경우에도 자유와 권리의 본질적인 내용을 침해할 수 없다.

4
교육기본법

제2조(교육이념) 교육은 홍익인간(弘益人間)의 이념 아래 모든 국민으로 하여금 인격을 도야(陶冶)하고 자주적 생활능력과 민주시민으로서 필요한 자질을 갖추게 함으로써 인간다운 삶을 영위하게 하고 민주국가의 발전과 인류공영(人類共榮)의 이상을 실현하는 데에 이바지하게 함을 목적으로 한다.

제12조(학습자) ③ 학생은 학습자로서의 윤리의식을 확립하고, 학교의 규칙을 준수하여야 하며, 교원의 교육·연구활동을 방해하거나 학내의 질서를 문란하게 하여서는 아니 된다.

제14조(교원) ③ 교원은 교육자로서의 윤리의식을 확립하고, 이를 바탕

으로 학생에게 학습윤리를 지도하고 지식을 습득하게 하며, 학생 개개인의 적성을 계발할 수 있도록 노력하여야 한다.

5
경기도 학생 인권 조례

제3조(학생의 인권 보장원칙) ② 학생의 인권에 대한 제한은 인권의 본질적 내용을 침해하지 않는 최소한의 범위에서 교육의 목적상 필요한 경우에 한정하여 학생이 그 제·개정에 참여한 학칙 등 학교 규정으로써 할 수 있다.

제11조(개성을 실현할 권리) ① 학생은 복장, 두발 등 용모에 있어서 자신의 개성을 실현할 권리를 가진다.

③ 학교는 정당한 사유와 제18조의 절차를 따르지 아니하고는 학교의규정으로써 제1항의 권리를 제한할 수 없다.

제18조(학칙 등 학교 규정의 제·개정에 참여할 권리) ① 학생은 학칙 등 학교 규정의 제·개정에 참여할 권리를 가진다.

③ 학교는 학칙 등 학교 규정의 제·개정 과정에서 학생들의 의견을 수렴하여야 하며, 학생회 등 학생자치기구의 의견제출권을 보장해야 한다.

교육 주체의 인식

복장 규정에 관한 인식 조사 　학생용

본 설문조사는 복장 규정에 대해 교사, 학생, 학부모가 어떻게 생각하는지 알아보기 위한 것입니다. 수업을 위한 목적 이외에는 사용되지 않으니 솔직하게 답변해 주시면 고맙겠습니다. 교복 규정을 잘 모르실 경우 설문지 뒤에 첨부한 규정을 확인하신 후 응답해 주시기 바랍니다.

참고사항　교복 규정에 어긋난 행위에는 다음과 같은 것이 있습니다. 허용된 기간 및 시간 외에 체육복을 착용하는 행위, y셔츠나 블라우스 위에 맨투맨 티셔츠나 후드티 등을 착용하는 행위, 가디건이나 조끼 없이 마이를 착용하는 행위, 학교장의 허락이 없는데도 마이 없이 방한 외투를 착용하는 행위, y셔츠나 블라우스 외에는 사복을 착용하는 행위, 교복 바지나 치마 외에는 사복을 착용하는 행위 등[3]

3 　해당 학교 학생들이 주로 위반하는 내용을 넣으면 된다.

1 **교복 규정을 잘 지키고 있나요?**

① 항상 지킨다.

② 대체로 지킨다.

③ 대체로 지키지 않는다.

④ 항상 지키지 않는다.

2 **교복 규정을 어기는 학생들은 왜 어긴다고 생각하나요?(3개까지 선택 가능)**

① 교복이 불편해서

② 남들과 달라 보이려고(개성을 드러내고 싶어서)

③ 브랜드 옷을 자랑하려고

④ 덥거나 추워서

⑤ 학교나 교사에 대한 반감을 드러내려고

⑥ 규정을 꼭 지켜야 한다고 생각하지 않아서

⑦ 기타 (   )

3 **교복 규정을 어기는 학생은 어기는 것이 부적절하다고 생각할까요?**

① 부적절하다고 생각할 것이다.

② 부적절하다고 생각하지 않을 것이다.

4-1 **우리 학교 현행 교복 규정에 대해 찬성하나요?**

① 찬성한다.

② 반대한다.

4-2 **(4-1에서 ②를 선택한 사람만 답하세요) 교복 규정이 어떻게 달라지기를 바라나요?**

① 교복 폐지

② 생활복 변경 또는 추가(예시 : 여름 생활복 색깔이나 모양 변경, 반바지 추가, 후드티나 후드집업 형태의 생활복 추가 등)

③ 체육복 등하교 및 일과 중 체육복 착용 허용

④ 상의(남방, 블라우스, 생활복 등)와 하의(바지, 치마, 생활복 등) 하나씩만 지정교복을 착용하면 그 외에는 사복도 허용

⑤ 하의만 지정 교복을 착용하면 그 외에는 사복도 허용

⑥ 상의만 지정 교복을 착용하면 그 외에는 사복도 허용

⑦ 교복은 있으나 입을지 여부는 학생 개개인이 자율적으로 판단

⑧ 기타 (   )

5-1 교복 규정이 학생 대다수가 원하는 방향으로 개정된다면 규정 위반 학생이 현재보다 줄어들 거라고 생각하나요?

① 그렇다.

② 아니다.

③ 모르겠다.

5-2 (5-1서 ②를 선택한 사람만 답하세요) 학생이 원하는 대로 규정이 개정되어도 규정 위반 학생이 줄지 않을 것이라 생각하는 이유는 무엇인가요?(복수 선택 가능)

① 그때그때 입고 싶은 대로 입으려는 욕망 때문에

② 규정을 어김으로써 용기 있는 것처럼 보이려고

③ 개정된 규정도 마음에 들지 않는 학생이 자기가 원하는 대로 입기 때문에

④ 학생들이 규정을 꼭 지켜야 한다고 생각하지 않기 때문에

⑤ 기타 (   )

6 교복 착용에 다음과 같은 효과가 있다는 의견에 대해 어떻게 생각하나요?

	동의한다	동의하지 않는다
① 빈부 격차를 드러나지 않게 해준다.		
② 무슨 옷을 입어야 할지 신경쓰지 않아도 된다.		
③ 소속감을 느끼게 해준다.		
④ 옷을 덜 사게 되어 경제적 부담을 줄일 수 있다.		
⑤ 비행 행동을 억제하는 효과가 있다.		

7 교복 착용에 다음과 같은 문제가 있다는 의견에 대해 어떻게 생각하나요?

	동의한다	동의하지 않는다
① 개성 실현의 권리를 지나치게 제한한다.		
② 재질, 모양 등이 활동하기에 불편하다.		
③ 기온 변화에 대처하기 어렵다.		
④ 옷감의 품질이 낮다.		

8 교복 규정을 어겨 5회 체크되면 학생생활교육위원회에 회부되어 처벌을 받습니다. 이것이 규정 위반을 예방하는데 도움이 된다고 생각하나요?

① 도움이 된다.

② 도움이 되지 않는다.

9 교복 규정을 어겨 5회 체크되면 학생생활교육위원회에 회부되어 처벌을 받습니다. 이것이 처벌받은 학생으로 하여금 처벌받은 후에 규정을 지키게 하는데 도움이 된다고 생각하나요?

① 도움이 된다.

② 도움이 되지 않는다.

복장 규정에 관한 인식 조사 [학부모용]

본 설문조사는 복장 규정에 대해 교사, 학생, 학부모가 어떻게 생각하는지 알아보기 위한 것입니다. 수업을 위한 목적 이외에는 사용되지 않으니 솔직하게 답변해 주시면 고맙겠습니다. 교복 규정을 잘 모르실 경우 설문지 뒤에 첨부한 규정을 확인하신 후 응답해 주시기 바랍니다.

[참고사항] 교복 규정에 어긋난 행위에는 다음과 같은 것이 있습니다. 허용된 기간 및 시간 외에 체육복을 착용하는 행위, y셔츠나 블라우스 위에 맨투맨 티셔츠나 후드티 등을 착용하는 행위, 가디건이나 조끼 없이 마이를 착용하는 행위, 학교장의 허락이 없는데도 마이 없이 방한 외투를 착용하는 행위, y셔츠나 블라우스 외에는 사복을 착용하는 행위, 교복 바지나 치마 외에는 사복을 착용하는 행위 등[4]

1   **귀 댁의 자녀는 교복 규정을 잘 지키고 있나요?**

① 항상 지킨다.

② 대체로 지킨다.

③ 대체로 지키지 않는다.

④ 항상 지키지 않는다.

2   **교복 규정을 어기는 학생들은 왜 어긴다고 생각하시나요?(3개까지 선택 가능)**

① 교복이 불편해서

② 남들과 달라 보이려고(개성을 드러내고 싶어서)

③ 브랜드 옷을 자랑하려고

④ 덥거나 추워서

---

4   해당 학교 학생들이 주로 위반하는 내용을 넣으면 된다.

⑤ 학교나 교사에 대한 반감을 드러내려고

⑥ 규정을 꼭 지켜야 한다고 생각하지 않아서

⑦ 기타 (   )

3 **교복 규정을 어기는 학생은 어기는 것이 부적절하다고 생각할까요?**

① 부적절하다고 생각할 것이다.

② 부적절하다고 생각하지 않을 것이다.

4-1 **우리 학교 현행 교복 규정에 대해 찬성하시나요?**

① 찬성한다.

② 반대한다.

4-2 **(4-1에서 ②를 선택한 분만 답하세요) 교복 규정이 어떻게 달라지기를 바라시나요?**

① 교복 폐지

② 생활복 변경 또는 추가(예시 : 여름 생활복 색깔이나 모양 변경, 반바지 추가, 후드티나 후드집업 형태의 생활복 추가 등)

③ 체육복 등하교 및 일과 중 체육복 착용 허용

④ 상의(남방, 블라우스, 생활복 등)와 하의(바지, 치마, 생활복 등) 하나씩만 지정 교복을 착용하면 그 외에는 사복도 허용

⑤ 하의만 지정 교복을 착용하면 그 외에는 사복도 허용

⑥ 상의만 지정 교복을 착용하면 그 외에는 사복도 허용

⑦ 교복은 있으나 입을지 여부는 학생 개개인이 자율적으로 판단

⑧ 기타 (   )

5-1 교복 규정이 학생 대다수가 원하는 방향으로 개정된다면 규정 위반 학생이 현재보다 줄어들 거라고 생각하시나요?

    ① 그렇다.

    ② 아니다.

    ③ 모르겠다.

5-2 (5-1에서 ②를 선택한 분만 답하세요) 학생이 원하는 대로 규정이 개정되어도 규정 위반 학생이 줄지 않을 것이라 생각하는 이유는 무엇인가요?(복수 선택 가능)

    ① 그때그때 입고 싶은 대로 입으려는 욕망 때문에

    ② 규정을 어김으로써 용기 있는 것처럼 보이려고

    ③ 개정된 규정도 마음에 들지 않는 학생이 자기가 원하는 대로 입기 때문에

    ④ 학생들이 규정을 꼭 지켜야 한다고 생각하지 않기 때문에

    ⑤ 기타 (   )

6 교복 착용에 다음과 같은 효과가 있다는 의견에 대해 어떻게 생각하시나요?

	동의한다	동의하지 않는다
① 빈부 격차를 드러나지 않게 해준다.		
② 무슨 옷을 입어야 할지 신경쓰지 않아도 된다.		
③ 소속감을 느끼게 해준다.		
④ 옷을 덜 사게 되어 경제적 부담을 줄일 수 있다.		
⑤ 비행 행동을 억제하는 효과가 있다.		

7　교복 착용에 다음과 같은 문제가 있다는 의견에 대해 어떻게 생각하시나요?

	동의한다	동의하지 않는다
① 개성 실현의 권리를 지나치게 제한한다.		
② 재질, 모양 등이 활동하기에 불편하다.		
③ 기온 변화에 대처하기 어렵다.		
④ 옷감의 품질이 낮다.		

8　교복 규정을 어겨 5회 체크되면 학생생활교육위원회에 회부되어 처벌을 받습니다. 이것이 규정 위반을 예방하는데 도움이 된다고 생각하나요?

　　① 도움이 된다.
　　② 도움이 되지 않는다.

9　교복 규정을 어겨 5회 체크되면 학생생활교육위원회에 회부되어 처벌을 받습니다. 이것이 처벌받은 학생으로 하여금 처벌받은 후에 규정을 지키게 하는데 도움이 된다고 생각하나요?

　　① 도움이 된다.
　　② 도움이 되지 않는다.

복장 규정에 관한 인식 조사 [교사용]

본 설문조사는 복장 규정에 대해 교사, 학생, 학부모가 어떻게 생각하는지 알아보기 위한 것입니다. 수업을 위한 목적 이외에는 사용되지 않으니 솔직하게 답변해 주시면 고맙겠습니다. 교복 규정을 잘 모르실 경우 설문지 뒤에 첨부한 규정을 확인하신 후 응답해 주시기 바랍니다.

참고사항 교복 규정에 어긋난 행위에는 다음과 같은 것이 있습니다. 허용된 기간 및 시간 외에 체육복을 착용하는 행위, y셔츠나 블라우스 위에 맨투맨 티셔츠나 후드티 등을 착용하는 행위, 가디건이나 조끼 없이 마이를 착용하는 행위, 학교장의 허락이 없는데도 마이 없이 방한 외투를 착용하는 행위, y셔츠나 블라우스 외에는 사복을 착용하는 행위, 교복 바지나 치마 외에는 사복을 착용하는 행위 등[5]

1 **교복 규정을 어기는 학생이 많다고 생각하시나요?**

① 별로 없다고 생각한다.

② 많다고 생각한다.

2 **교복 규정을 어기는 학생들은 왜 어긴다고 생각하시나요?(3개까지 선택 가능)**

① 교복이 불편해서

② 남들과 달라 보이려고(개성을 드러내고 싶어서)

③ 브랜드 옷을 자랑하려고

④ 덥거나 추워서

⑤ 학교나 교사에 대한 반감을 드러내려고

---

5 해당 학교 학생들이 주로 위반하는 내용을 넣으면 된다.

⑥ 규정을 꼭 지켜야 한다고 생각하지 않아서

⑦ 기타 (   )

3 교복 규정을 어기는 학생은 어기는 것이 부적절하다고 생각할까요?

① 부적절하다고 생각할 것이다.

② 부적절하다고 생각하지 않을 것이다.

4-1 우리 학교 현행 교복 규정에 대해 찬성하시나요?

① 찬성한다.

② 반대한다.

4-2 (4-1에서 ②를 선택한 분만 답하세요) 교복 규정이 어떻게 달라지기를 바라시나요?

① 교복 폐지

② 생활복 변경 또는 추가(예시 : 여름 생활복 색깔이나 모양 변경, 반바지 추가, 후드티나 후드집업 형태의 생활복 추가 등)

③ 체육복 등하교 및 일과 중 체육복 착용 허용

④ 상의(남방, 블라우스, 생활복 등)와 하의(바지, 치마, 생활복 등) 하나씩만 지정 교복을 착용하면 그 외에는 사복도 허용

⑤ 하의만 지정 교복을 착용하면 그 외에는 사복도 허용

⑥ 상의만 지정 교복을 착용하면 그 외에는 사복도 허용

⑦ 교복은 있으나 입을지 여부는 학생 개개인이 자율적으로 판단

⑧ 기타 (   )

5-1 교복 규정이 학생 대다수가 원하는 방향으로 개정된다면 규정 위반 학생이 현재보다 줄어들 거라고 생각하시나요?

  ① 그렇다.

  ② 아니다.

  ③ 모르겠다.

5-2 (5-1에서 ②를 선택한 분만 답하세요) 학생이 원하는 대로 규정이 개정되어도 규정 위반 학생이 줄지 않을 것이라 생각하는 이유는 무엇인가요?(복수 선택 가능)

  ① 그때그때 입고 싶은 대로 입으려는 욕망 때문에

  ② 규정을 어김으로써 용기 있는 것처럼 보이려고

  ③ 개정된 규정도 마음에 들지 않는 학생이 자기가 원하는 대로 입기 때문에

  ④ 학생들이 규정을 꼭 지켜야 한다고 생각하지 않기 때문에

  ⑤ 기타 (   )

6 교복 착용에 다음과 같은 효과가 있다는 의견에 대해 어떻게 생각하시나요?

	동의한다	동의하지 않는다
① 빈부 격차를 드러나지 않게 해준다.		
② 무슨 옷을 입어야 할지 신경쓰지 않아도 된다.		
③ 소속감을 느끼게 해준다.		
④ 옷을 덜 사게 되어 경제적 부담을 줄일 수 있다.		
⑤ 비행 행동을 억제하는 효과가 있다.		

7 교복 착용에 다음과 같은 문제가 있다는 의견에 대해 어떻게 생각하시나요?

	동의한다	동의하지 않는다
① 개성 실현의 권리를 지나치게 제한한다.		
② 재질, 모양 등이 활동하기에 불편하다.		
③ 기온 변화에 대처하기 어렵다.		
④ 옷감의 품질이 낮다.		

8 교복 규정을 어겨 5회 체크되면 학생생활교육위원회에 회부되어 처벌을 받습니다. 이것이 규정 위반을 예방하는데 도움이 된다고 생각하나요?

    ① 도움이 된다.

    ② 도움이 되지 않는다.

9 교복 규정을 어겨 5회 체크되면 학생생활교육위원회에 회부되어 처벌을 받습니다. 이것이 처벌받은 학생으로 하여금 처벌받은 후에 규정을 지키게 하는 데 도움이 된다고 생각하나요?

    ① 도움이 된다.

    ② 도움이 되지 않는다.

교복 규정에 관한 쟁점

1

복장은 사생활의 성격이 강하므로 가급적 규제하지 말아야 한다 vs 학교 생활은 공적인 성격이 강하므로 일정정도의 복장 제한이 가능하다

일반적인 상황에서 어떤 옷을 입을 것인가는 각 개인의 선택에 따라 달라진다. 군인, 경찰 등 특수한 직종에 근무하는 사람들은 근무 중에 정해진 복장을 착용해야 하며 직장에 따라서는 유니폼을 착용해야 하는 경우도 있지만 그 외에 대부분의 상황에서 사람들은 자신이 원하는 옷을 입는다. 교복 착용에 대해 부정적으로 생각하는 사람들은 교복을 강제하는 것이 헌법에 보장된 행복추구권, 사생활의 자유를 침해하는 것이라고 말한다.

헌법 제10조는 모든 국민에게 행복추구권이 있음을 천명하고 있다.

복장 규제 반대론자들에 따르면 사람들은 자신이 원하는 옷을 입음으로써 개성을 드러내고 더위나 추위를 극복하므로 이를 제한하는 것은 행복추구권을 침해하는 것이다. 이들은 복장이 헌법 제17조가 보장하는 사생활에 해당한다고 본다. 어떤 음식을 먹고 어떤 신발을 신고 누구를 만나 어떤 대화를 나눌 것인지에 대해 통제받지 않는 것처럼 복장 역시 통제받아서는 안 된다고 말한다. 물론 헌법 제37조 2항은 기본권도 제한될 수 있음을 밝히고 있다. 그러나 기본권 제한은 국가안전보장, 질서유지, 공공복리를 위해 필요할 경우에만 가능하며 그 경우에도 법률에 근거가 있어야 한다. 법률에 근거가 있더라도 자유와 권리의 본질적 내용을 침해할 수는 없다. 복장 규제 반대론자들은 복장이 국가안전보장, 질서유지, 공공복리와 별 관련이 없다고 주장한다.

복장 규제 찬성론자들은 학교 생활의 공적 성격을 강조한다. 이들은 학교가 교육기본법 제2조가 천명한 교육이념을 실현하기 위해 만들어진 기관이므로 학생의 학교 생활은 공적인 성격이 강하다고 본다. 학교 밖 학생의 복장에 대해서는 제한할 수 없지만 학교 생활 중의 복장에 대해서는 제한이 가능하다는 것이다. 이들은 복장이 국가안전보장, 질서유지와 직접적인 관련은 없지만 교육목적의 실현이 국민 모두의 이익과 연결되는 것이므로 공공복리와 관련된다고 본다. 이와 관련하여 국가인권위원회의 [학교 생활에서의 학생인권 증진을 위한 정책 개선 권고](2017.12.21.)를 참고할 만하다. 권고안은 학생의 두발 및 복장 등 학생의 용모에 대한 제한과 단속은 필요 최소한의 범위에서 이루어져야 한다고 하면서도 "교육 목적상 필요한 경우"에 제한과 단속이 가능함을 밝히고 있다. "교육 목적상 필요"는 결국 교육기본법 제2조의 교육이념을 실현하기 위한 필요라고 할 수 있으므로 공공복리에 해당한다고 복장 규제 찬성론자들은 말한다.

헌법 제37조 2항에 따르면 국민의 자유와 권리가 제한되는 경우에도 본질적인 내용은 침해할 수 없다고 하였다. 그렇다면 학교에서 교복을 착용하게 하는 것은 자유와 권리의 본질적인 내용을 침해하는 것일까?

복장규제 찬성론자들은 학교 생활 중에만 착용하게 하는 것이므로 자유와 권리를 적법하게 제한하는 것이지 본질적 내용을 침해하는 것은 아니라고 주장한다.

복장 규제 찬성론자들은 교복을 착용하면 빈부 격차를 덜 드러나게 해준다고 말한다. 부유한 학생이 우월감을 드러내는 것을 억제해 주고 경제적으로 넉넉지 않은 학생이 위축되는 것을 방지해 줄 수 있다고 말한다. 물론 신발, 지갑, 가방, 화장품 등을 통해서도 빈부 격차가 드러나기는 하지만 가장 눈에 띄는 옷에서 격차가 드러나지 않게 해 줄 수 있다면 그것만으로도 충분히 의미가 있다고 주장한다. 또한 이들은 교복을 착용하면 무슨 옷을 입어야 할지 신경을 덜 쓰게 해 주므로 학업에 더 많은 시간을 할애할 수 있도록 도와준다고 말한다. 이들은 교복 착용이 비행행동을 억제하게 해 준다고도 지적한다. 한 연구[6]에 따르면 "교복은 학생 청소년들의 경비행과 중비행을 심리적으로나 행동에 있어서 억제하거나 예방하는 효과"가 있다고 한다. 위 논문에서 경비행이란 "현행법상 행정처분(벌금, 훈계 등의 가벼운 처벌)을 받을 수 있는 행위"를 가리키며 길거리에 침을 뱉는 행위나 쓰레기를 버리는 행위 등을 포함한다. 중비행이란 "현행법상 형사처벌(징역 등의 무거운 처벌)을 받을 수 있는 행위"를 가리키며 미성년자의 담배 피우기, 술 마시기, 폭행,

---

6 성윤숙, 가정·학교교육과 교복 착용이 청소년 비행에 미치는 영향, 정보디자인학연구 제21호, 2013

절도, 마약류 복용 등의 행동을 포함한다.

복장 규제 찬성론자들은 이처럼 여러 가지 효과가 있기 때문에 교복 착용이 교육 목적 실현에 이바지할 수 있다고 말한다.

물론 이들은 학교 구성원들이 이러한 효과보다 다른 가치를 더 중시한다면 교복 착용을 하지 않을 수 있다고 말한다. 다만 그러한 경우에도 복장 규제 자체를 없애는 것은 바람직하지 않다고 본다. 만약 교사가 미니스커트를 입고 수업한다면 학교구성원 대다수가 부적절하다고 지적할 것이다. 그처럼 학생에게 학교 생활에 맞는 적절한 복장 규제는 필요하다는 것이다. 예를 들면 "치마를 입을 경우 앉았을 때 속옷이 보이지 않아야 한다", "소매 없는 상의는 입을 수 없다.", "6~9월을 제외하고는 양말이나 스타킹을 신어야 한다."와 같은 규정이 필요하다고 말한다.

2
규정을 어기는 것은 교복이 불편하기 때문이다 vs 현재 규정을 어기는 학생의 상당수는 편한 교복으로 바뀌더라도 규정을 어길 것이다

2018년 7월 문재인 대통령은 여학생들이 편하게 교복을 입을 수 있도록 방안을 마련해 달라고 교육부에 지시했다. 이에 발맞추어 서울특별시교육감은 건강권 보장, 개성 신장을 위해서 기존의 불편한 교복을 편안한 교복으로 바꿔야 한다고 주장하면서 '편안한 교복 공론화'를 추진하고 있다. 기존의 교복이 몸을 너무 조이거나 신축성이 부족하여 불편하다는 것이다. 2019년 10월 1일 공론화에 대한 중간 모니터링 결과를 발표했는데 기존의 교복을 개선하고 반바지와 반팔티와 같은 생활복을 결합하자는 결론이 76.2%(343교)로 가장 많았다. 기존의 교복만 입자는 학교는 8.7%(39개교)였다. 교복 없이 생활복만 입자는 학교는 3.3%(15개교), 자율로 결정하도록 하자는 학교는 0.6%(3개교)였다. 최근에는 제주교육감도 편안한 교복 공론화를 각 학교에서 진행하겠다고 발표하였다.

규정 외의 복장을 착용하는 학생들은 교사로부터 지적을 받으면 교복이 불편해서 어쩔 수 없다고 말하는 경우가 많다. 특히 여학생의 경우 블라우스나 치마가 구입할 때부터 너무 타이트해서 활동하기에 불편하다고 말한다. 위에 언급한 서울특별시 편안한 교복 공론화 중간 모니터링 결과는 학생들이 교복의 불편함에 대해 힘들어 했다는 사실을 보여 주는 것으로 해석할 수 있다. 교복을 개선하고 생활복을 도입하자는 결론이 76.2%나 되었기 때문이다.

여름 생활복을 채택하면서 흰색 계통의 밝은 색 티셔츠로 정한 학교의 경우 속옷이 비쳐서 불편하다고 말하는 학생도 있다. 특히 여학생들이 이를 불편하게 여기는데 속옷 비침을 피하기 위해 생활복 안에 면티 등을 착용할 경우 생활복을 채택한 것이 무의미해진다고 말한다.

반면에 교복이 불편해서 규정을 어긴다는 말은 핑계일 뿐이라고 지적하는 사람들도 있다. 교복을 수선해서 스스로 줄여 입는 학생이 많다 보니 교복 업체들이 아예 타이트한 교복을 출시하는 것이지 교복 업체가 타이트한 교복을 출시해서 어쩔 수 없이 입게 된 것이 아니라는 것이다. 한 교복 브랜드 관계자는 "과거에도 큰 사이즈를 제작하지 않은 건 아니다. 다만 여러 사이즈를 제작해 판매하면 작은 사이즈들의 판매율이 상대적으로 높다 보니 작은 사이즈를 더 많이 제작하는 방향으로 변했다."라고 말했다. 여학생들이 편하게 교복을 입을 수 있도록 방안을 마련해 달라고 했던 문재인 대통령도 같은 자리에서 "아이들이 교복을 받으면 더 수선해서 몸에 딱 맞는 식으로 입는다."라고 언급했다.

서울특별시 편안한 교복 공론화 중간 모니터링 결과도 해석하기에 따라서는 새로울 것이 없다고 볼 수 있다. 많은 학교에서 이미 여름 상의 생활복을 채택하고 있기 때문이다. 이는 여름 교복이 덥고 불편하다는 학생들의 호소를 받아들인 것이다. 학교에 따라서는 반바지 교복을 채택하고 있기도 하고 춘추복에 해당하는 생활복을 채택하는 학교들도 있다. 그러나 이처럼 편한 교복을 입는 학교에서도 복장 규정을 어기는 학생들을 쉽게 찾아볼 수 있다. 서울의 한 중학교 교사는 서울특별시교육청의 방침에 따라 교복 규정을 개정하여 편안한 교복을 착용하게 되었으나 개정된 규정도 어기는 학생이 많다고 말한다. 오히려 규정 개정 이후 규정 외의 사복을 착용하는 학생이 늘었다고 한다. 이 같은 현상이 발생하는 이유는 무엇일까? 규정을 위반함으로써 인정 욕망을 충족하려는 것일 수 있다. 사람은 누구나 인정받기를 원한다. 청소년 시기는 특히 또래로부터 인정받는 것에 매우 민감하다. 인정받기 위해 택하는 방법은 다양한데 크게 보면 또래와 자신을 동일시하는 방법과 차별화하는 방법이 있다. 어울릴 친구가 있다는 것, 함께 밥 먹을 친구가 있다는 것, 대세에 따르려는 것은 동일시의 방법이다. 반면에 뛰어난 성적으로 인정받으려 하거나 운동을 잘하는 것으로 인정받으려 하거나 노래나 춤으로 돋보이려 하는 것, 복장 규정을 어기는 것은 차별화의 방법이라고 볼 수 있다. '교복이 불편해서'라고 이유를 달아 또래들로부터 공감을 얻는 한편 규정을 어김으로써 다른 학생들이 하지 못하는 방식으로 돋보일 수 있다.

3

교복만으로는 기온 변화에 대처하기 어렵다 vs 생활복, 겨울 외투 허용을 통해 기온 변화에 대처할 수 있다

복장 규정을 어기는 학생들은 흔히 더워서 그랬다고 하거나 추워서 그랬다고 한다. 옷감의 재질, 두께, 옷의 종류 등이 다양하게 구비된 것이 아니기 때문에 교복만으로는 기온 변화에 대처하기 어렵다는 것이다.

더 구체적으로 한여름에는 생활복도 덥기 때문에 생활복을 벗고 사복면티를 입을 수밖에 없고, 늦가을이나 초겨울에는 춘추복만으로는 춥기 때문에 맨투맨 티셔츠나 후드집업 등을 입을 수밖에 없다는 것이다.

대개 교복은 상의의 경우 긴팔 셔츠나 블라우스를 기본으로 하여 쌀쌀하면 조끼나 가디건을 입게 되어 있고 추워지면 자켓(마이)을 입는다. 하의는 바지나 치마 중에서 선택하여 입을 수 있다. 여름에는 위에 반팔 셔츠나 반팔 블라우스를 입고 아래는 여름용 바지나 치마를 입는다. 여름에는 활동 편의성을 증진하고 더위를 피하기 위해 생활복 상의를 지정하여 혼용하도록 하는 학교가 많다. 최근에는 반바지 교복을 채택하는 학교도 있다. 그럼에도 불구하고 기온 변화에 민감한 학생들은 교복만으로는 덥다고 느끼거나 춥다고 느낄 수 있다. 그런 학생들은 온도 변화에 대처할 수 있을 정도로 교복이 다양하게 구비되지 않는 한 사복이라도 입어야 하는 게 아니냐고 말한다.

교복만으로는 기온 변화에 대처하기가 어렵지만 보완할 수 있는 방법이 충분히 갖춰져 있다고 말하는 사람도 있다. 예를 들면 여학생이 추위를 느낄 경우 무릎 담요로 다리를 감싸고 앉거나 바지 교복을 입으면 된다. 과거에는 마이까지 입고도 추울 경우 그 위에 겨울용 점퍼를 덧입어야 했지만 최근에는 마이 없이 점퍼를 입도록 허용하는 학교가 많다.

봄, 가을, 겨울에 입을 수 있도록 따뜻한 재질의 후드티나 후드집업을 생활복으로 채택하는 학교도 종종 있다. 현행 규정으로도 기온 변화에 어느 정도 대처할 수 있다고 보는 사람들은 덥거나 추워서 규정을 어겼다고 말하는 것이 핑계에 지나지 않는다고 말한다. 예를 들면 남방 위에 맨투맨 티셔츠를 입은 학생이 추워서 그랬다고 말할 때가 있는데 그 말을 들은 교사는 학생의 당당함에 대해 기가 막히다는 표정을 짓는다. 지정된 조끼나 가디건을 입으면 된다는 것을 뻔히 알면서도 그렇게 말한다고 보기 때문이다. 남방, 가디건을 입고 롱패딩 점퍼를 입었는데도 춥다면서 점퍼 안에 사복 티셔츠를 입는 학생도 있다. 물론 유독 추위를 많이 느끼는 학생일 수도 있다. 그러나 교복을 채택하는 한 개인차를 고려하는 데는 한계가 있을 수밖에 없다. 개인차를 모두 고려하려면 교복을 폐지하는 수밖에 없다.

기능성 옷감으로 만든 생활복을 입을 수 있음에도 그조차 덥다면서 사복 면티만 입고 있는 학생도 있다. 기능성 면으로만 보자면 면티보다 생활복이 더 낫기 때문에 생활복을 굳이 벗고 면티를 착용하고 있는 것은 설득력이 부족해 보인다. 생활복이 밝은 색이어서 생활복 하나만 입기 꺼려진다면 생활복 색깔을 진한 색으로 바꾸자고 제안하거나 기능성 옷감을 사용하되 학생들이 즐겨 입는 면티 형태로 된 생활복을 채택하자고 제안하는 것이 설득력 있을 것이다.

4
교복과 사복을 함께 입어도 아무 문제없다 vs
적당한 타협의 결과일 뿐이다

최근에는 극소수이긴 하지만 교복과 사복을 혼용할 수 있는 학교도 있다. 2018년 7월 충남 홍성여자고등학교는 설문조사와 수차례 토론을 거쳐 교복과 사복을 학생 각자가 선택하여 입을 수 있도록 결정했다. 이 학교 학생들은 교복을 입을 수도 있고 사복을 입을 수도 있다. 학생들은 만족스러워 한다고 한다. 학습 분위기를 해칠 것으로 우려하는 사람도 있으나 교복과 사복 혼용에 찬성하는 사람들은 그것이 지나친 걱정일 뿐이라고 말한다.

교복은 있으나 입어도 되고 입지 않아도 되는 학교, 필수적으로 착용해야 하는 것을 정해 두고 그 외에는 사복을 입어도 되는 학교에 대해서 부정적으로 보는 사람들은 그것이 교육 목적을 고려하지 않은 적당한 타협의 산물일 뿐이라고 말한다. 설문조사를 해보면 대부분의 학교에서 교복을 폐지하자는 의견보다는 교복이 있어야 한다는 의견이 많다. 하지만 설문조사, 토론회 등을 거쳐서 복장 규정을 정하더라도 규정에 따르지 않는 학생들이 많다. 전교생 500명 중 10명 내외의 학생이 규정을 어기는 정도라면 문제될 것이 없다. 학생 대부분이 규정 준수하는 것을 당연하게 여긴다고 볼 수 있으므로 규정을 어기는 학생에 대한 시선이 곱지 않을 것이다. 이런 분위기라면 교사가 지도하는 데도 큰 어려움이 없다. 그러나 한 학급에 3~5명, 많게는 7~8명씩 규정을 어기는 학생이 있다면 규정을 어기는 학생들은 규정을 어기는 데 대해 큰 부담을 느끼지 않는다. 교사가 지도하면 학생들은 "왜 선생님만 그러세요?",

"다른 애들도 다 어기는데 왜 저한테만 그러세요?"라고 말하며 반발한다. 이 같은 상황에 놓인 학교가 많다보니 차라리 교복이 없었으면 좋겠다고 말하는 교사들도 꽤 있다. 규정을 어기는 학생을 외면할 수도 없고 지도하자니 반발이 심한데 정작 설문조사를 해보면 교복을 유지하자고 하니 그야말로 환장할 노릇인 것이다. 학생은 입고 싶은 대로 입고 교사는 지도하지 않아도 되는 상황을 만들려 하다 보니 교복은 있으되 입지 않아도 된다는 식으로 규정을 바꾼 것으로 볼 수 있다. 이를 비판적으로 보는 사람들은 이것이 교복을 폐지한 것과 본질적으로 다르지 않다고 말한다. 실제로 충북 괴산의 칠성중학교는 교복과 사복 중에서 학생이 원하는 대로 입을 수 있도록 했다가 2015년 5월 아예 교복을 폐지했다.

물론 칠성중학교는 당시 전교생이 38명밖에 없던 작은 중학교라는 특수성이 있지만 규모가 큰 학교에서도 몇 년 지나면 교복 무용론이 제기될 수 있고 결국 교복이 폐지될 수 있다. 교복과 사복을 혼용하거나 교복과 사복 중에서 원하는 것을 선택할 수 있는 학교가 흔치 않다 보니 주변 학교들과 차별화 된다는 것 자체가 학생들에게 자부심과 소속감을 부여할 수 있지만 그런 학교가 많아진다면 오히려 교복 규정을 엄격하게 적용하는 학교 학생들이 자부심과 소속감을 느끼게 될 것이라고 볼 수도 있다. 영국과 미국의 소위 명문 사립학교가 교복을 통해 차별화를 꾀하는 것과 비슷한 현상이 나타날 것이라는 것이다.

5

규정을 어기는 학생에 대해서는 현행 규정대로 지도하면 된다
vs 다른 방안을 찾아야 한다

현행 규정에 따르면 복장 규정을 어겨서 교사에게 5회 지적받은 학생은 학생생활교육위원회(구 선도위원회)에 회부되어 징계를 받게 된다. 이러한 방안이 복장 규정 위반을 예방하고, 징계 받은 학생으로 하여금 규정을 지키게 하는데 효과적일까? 이 정도면 충분히 엄격하다고 말하는 사람들은 현행 규정만으로도 충분하다고 말한다. 규정을 위반하여 지적받는데 대해 학생들이 상당한 부담을 느끼므로 효과가 있다고 말한다.

반면에 위반 행위에 비해 처벌 수위가 높다고 말하는 사람도 있을 수 있다. 누군가에게 피해를 주는 행위도 아닌데 5번 위반에 징계 처분은 과도하다는 것이다. 현행 규정이 과하다고 보는 사람은 위반 학생과의 면담, 학부모와의 상담 정도면 충분할 것이라고 생각할 수 있다.

현재의 처벌 수위가 행위에 비해 가볍다고 보는 사람도 있다. 우리 학교에서 2019년 상반기에 복장 규정 위반으로 징계한 건수는 ○○건[8]이다.

이는 전체 징계 건수 건 중 ○○%에 해당하는 수치이다. 더 무거운 책임을 지워야 한다고 말하는 사람들은 이 수치를 보면 학생들이 징계에 대해 큰 부담을 느끼지 않는다는 것을 알 수 있다고 지적한다. 또한 징계받은 학생수가 이 정도면 규정을 1~4회 위반한 학생은 매우 많다

7　학교별로 규정 위반에 대한 처리 방법이 다르므로 현재 근무 중인 학교의 규정에 따라 수집해야 한다.
8　해당 학교의 전년도 복장 규정 위반 건수를 조사하여 넣으면 된다.

148　선생님! 수업 시간에 자면 왜 안 돼요?

고 봐야 한다고 말한다.

만약 지도 방법을 바꾼다면 어떻게 바꾸는 것이 좋을까? 지정된 복장 외에 사복을 덧입는 경우 덧입은 사복을 압수하였다가 하교 시에 돌려주는 학교도 있다. 바르게 입도록 지적만 할 경우 그러겠다고 대답하고 시정하지 않는 학생들이 많기 때문이다. 이 방식을 활용할 경우 자기 소유물을 교사가 압수하는 데 대해 반발하는 학생들도 있다는 점, 압수한 옷이 분실될 경우 교사가 변상을 요구받을 수 있다는 점 등의 문제가 있으나 하교할 때까지 시정 효과를 지속할 수 있다는 장점이 있다.

사복을 덧입는 경우가 아니라 일부 또는 전부 사복을 입은 경우에는 더 까다롭다. 사복을 입었다고 해서 강제로 벗게 할 수는 없기 때문이다. 일부 학생들은 이러한 맹점을 이용하기도 한다. 과거에는 이런 학생을 집으로 돌려보내 교복을 바르게 입고 다시 등교하게 하기도 했다. 그러나 출결 처리 문제, 학생이 다시 등교할 때까지 수업을 듣지 못하는 문제 등을 해결하기 위한 방법이 마땅치 않아 최근에는 이런 방법을 활용하는 학교가 거의 없다. 이에 대해 교육 당국은 어떤 입장을 갖고 있을까? 경기도교육청에 질의해 보았다.

1) 사복을 입고 등교한 학생을 집으로 돌려보내 교복을 착용하고 오게 하고 재등교할 때까지 미인정 지각으로 처리하는 것이 가능한가?
2) 사복을 입고 등교한 학생에게 학교에서 준비해 둔 교복으로 갈아입게 하는 것이 가능한가? 이 경우 학생은 교복을 세탁하여 반납해야 한다.
3) 규정에 어긋난 옷을 착용하고 있을 경우(예를 들어 교복 남방과 자켓 사이에 맨투맨 티셔츠 등을 입는 것) 규정 외의 옷을 보관하였다가 종례 후 돌려주는 것이 가능한가?

이에 대해 경기도교육청은 다음과 같이 답변하였다.

경기도교육청은 학교에서 학생의 징계를 포함한 생활교육을 진행함에 있어 초중등 교육법과 동법 시행령, 경기도 학생인권 조례의 취지에 따라 학생의 인격을 존중하며 교육적인 방법에 의하는 경우에는 각 학교 생활 인권규정의 정한 바를 최대한 존중하고 있습니다.

따라서 학생의 복장, 화장, 문신 등에 대한 구체적 지도 방법과 이와 관련한 학교 생활 인권규정을 위반하였을 때 생활교육위원회에 회부하여 징계할 것인지의 여부는 초중등 교육법 제8조 및 동법 시행령 제9조 제1항 제7호 및 제9조 제4항, 제31조 등에 따라 학교 구성원의 민주적 의견수렴 과정을 통하여 최종적으로 학교의 장이 결정해야 할 것입니다.

다만, 복장지도 방법 중 사복을 입은 학생을 돌려보내고 미인정 지각으로 처리하는 것은 「2019학년도 경기도 중등 학교 생활기록부 기재방법」 중 지각의 정의에 비추어 볼 때, 지각이란 학교장이 정한 등교시각까지 출석하지 않은 경우만을 말하는 것으로, 교칙에 정한 복장 등을 미착용하고 등교했다는 이유로 이를 미인정 지각으로 처리하는 것은 적정하지 않은 것으로 판단됩니다. (교복 미착용 등교를 이유로 한 생활교육의 여부는 학교 생활 인권규정에 정한 바에 따라 진행할 수 있을 것입니다.)

위 질문 중 2)번과 3)번은 민주적 절차에 따라 만든 학교 생활 규정에 근거 조항이 있다면 가능한 방법이라고 볼 수 있다. 그러나 1)번의 경우 등교했다고 보아야 하므로 미인정지각으로 처리할 수 없다.

학교에서 자체 예산으로 교복을 구입해 두었다가 사복 입은 학생에게 입도록 하는 방안도 생각해 볼 수 있다. 이 경우 세탁은 학생이 해 와야 할 것이다. 그런데 규정 위반 학생이 많은 학교에서는 부담을 크게 느낄 수 있다. 여러 사이즈의 교복을 다양하게 구입해야 한다는 것도 학교에는 부담이 될 것이다. 일과 중에 체육복 착용이 가능한 학교라면 교복 대신 체육복을 구입해 두었다가 사복 입은 학생에게 입게 하면 예산 부담을 줄일 수 있다.

토론문 작성하기

1
토론문 작성 요령

청중이 자신의 말을 알아들을지 의식하면서 작성해야 합니다. 자신만 이해할 수 있는 말을 하면 청중들은 의아해 하고 연사의 말에 집중하지 않게 됩니다.

1. 도입부	청중들의 관심을 끌 만한 말을 하여 앞으로 전개할 주장에 대해 관심을 갖게 합니다. 때로는 의도적으로 본론을 꺼내는 경우도 있습니다.
2. 본론	자신이 주장하는 바가 무엇인지 말하고 이유와 근거를 구체적으로 제시합니다. 다른 주장의 문제점에 대해 비판합

니다. 비판할 때도 설득력 있는 근거가 필요합니다.

3. 결론   주장하는 바를 요약하여 제시합니다. 주장의 핵심이 무엇인지 청중들이 이해할 수 있도록 간결하게 말합니다.

2
토론문에 포함할 내용들

1. 현행 규정을 유지해야 한다고 생각하는 경우

- 다른 학교 규정과 비교하여 우리 학교 규정이 더 나은 이유 제시(자료에 제시된 다른 학교 규정 외에 또 다른 학교의 규정을 비교해도 좋음)
- 교사, 학생, 보호자 인식 조사 결과를 주장의 근거로 제시(3주체 인식의 공통점과 차이점을 분석하고 현행 규정 유지의 근거로 활용)
- 규정을 개정하자는 사람들의 주장에는 어떤 것들이 있는지 제시하고 그 주장들이 적절하지 않은 이유와 근거를 제시(제공된 자료를 참고하고 제공된 자료 이외의 근거 자료도 찾아볼 것)
- 규정을 어긴 학생에 대한 처벌 기준이 적절하다고 생각하는지 쓰고 그렇게 생각하는 이유와 근거를 제시

2. 현행 규정을 개정해야 한다고 생각하는 경우

- 개정안을 제시하고 개정안이 더 적절한 이유와 근거를 제시
- 다른 학교 규정이 우리 학교 규정보다 더 낫다고 생각한다면 그렇게 생각하는 이유와 근거 제시(자료에 제시된 다른 학교 규정 외에 또 다른 학교의 규정을 비교해도 좋음)

- 교사, 학생, 보호자 인식 조사 결과를 주장의 근거로 제시(3주체 인식의 공통점과 차이점을 분석하고 현행 규정을 개정해야 하는 근거로 활용)
- 규정을 유지하자는 주장이 적절하지 않은 이유와 근거를 제시(제공된 자료를 참고하고 제공된 자료 이외의 근거 자료도 찾아볼 것)
- 규정을 개정할 경우 규정을 어긴 학생에 대한 현재의 처벌 기준도 바꿔야 한다고 생각하는지 쓰고 그렇게 생각하는 이유와 근거를 제시

3
발표자에게 반론하거나 질의하는 방법

- 발표자의 주장 중 근거가 잘못되었거나 불충분한 것이 있는지 살핍니다.
- 발표자가 중시하는 것과 내가 중시하는 것 중 무엇이 더 중요한 것인지 생각해 봅니다.
- 발표자의 설명이 부족하여 이해하기 어려운 내용이 있는지 생각해봅니다.

조별 토론하기

    각 조는 추첨을 통해 다음 네 가지 입장 중 하나를 고르게 됩니다. 각 조는 자기 조가 고른 입장을 정당화하기 위한 이유와 근거를 제시해야 합니다.

    각 조 구성원들은 역할을 적절히 나누어야 합니다. 조원이 네 명이라면 그 중 세 사람은 주장을 정당화 하기 위한 이유와 근거를 제시합니다. 나머지 한 사람은 규정을 어기는 데 대해 어떻게 책임을 지우는 것이 적절한지 방안을 제시합니다.

입장1   현행 규정 유지

입장2   교복 외에 체육복 등·하교 및 일과 시간 중 체육복 착용 허용

입장3   생활복 변경 또는 추가(예시 : 여름 생활복 색깔이나

| | 모양 변경, 반바지 추가, 후드티나 후드집업 형태의 생활복 추가 등) |
| 입장 4 | 상의(남방, 블라우스, 생활복 등)와 하의(바지, 치마, 생활복 등) 하나씩만 지정 교복을 착용하면 그 외에는 사복도 허용 |

토론자 1	우리 조의 주장, 주장의 이유에 대해 개략적으로 설명 주장의 첫 번째 이유와 근거 제시
토론자 2	주장의 두 번째 이유와 근거 제시
토론자 3	주장의 세 번째 이유와 근거 제시
토론자 4	우리 조가 제시한 방안을 어기는 학생에게 어떠한 책임을 부과하는 것이 적절한지 방안을 제시하고 이유와 근거 제시

다른 조의 입장에 대해 질문하고 반박할 내용을 준비합니다. 어떤 질문을 누가 할 것인지, 어떤 반박을 누가 할 것인지 역할을 정합니다.

토론이 끝나면 자신의 실제 생각을 씁니다. 자신이 생각하는 바람직한 방안과 이유, 근거를 쓰고 그 방안을 어기는 학생에 대해 어떻게 책임을 지우는 것이 바람직한지 씁니다.

학교에서
학생의 휴대전화 소지 및
사용제한,
어디까지가 적절한가?

　고민주 선생님은 학생들이 필기할 내용을 칠판에 적은 후 뒤돌아 학생들 쪽을 보았다. 그때 주명이의 시선이 책상 아래로 가 있는 게 눈에 띄었다. 휴대폰임을 알아차린 선생님이 말씀하셨다.

　"주명! 휴대폰 본 거 체크합니다."

　이 학교의 규정에 따르면 수업 중 허락 없이 휴대 전화를 사용하다가 적발되면 체크되고 세 차례 체크되면 선도위원회에 회부되어 선도 처분을 받는다. 주명이는 이미 두 차례 적발된 바 있었다. 주명이가 말했다.

　"안 봤는데요?"

　고민주 선생님은 거짓말하는 주명이에게 화가 났지만 꾹 참고 말했다. 말투는 부드러웠지만 표정은 굳어 있었기에 주변 학생들도 긴장한 눈빛으로 두 사람을 보았다.

　"선생님이 방금 휴대폰 만지는 거 봤는데 안 봤다고?"

　"시간 본 건데요?

　"좋아, 시간을 봤다고 칩시다. 칠판 위에 시계가 있어서 얼마든지 볼 수 있는데 굳이 책상 속에 있는 핸드폰을 꺼내서 보는 이유가 뭘까요? 의심 받으리라는 것을 뻔히 알 텐데."

"그냥요."

그때 주명이의 친구인 동철이가 말했다.

"선생님, 주명이 구라치는 거예요. 게임했어요."

"야 이 새X야, 조용히 해. 네가 봤어? 봤냐고?."

고민주 선생님은 점점 난장판이 되어 가는 상황을 수습하기 위해 말했다.

"두 사람 그만해요. 주명이가 시간을 봤는지 게임을 했는지 모르겠지만 어쨌든 휴대 전화를 사용한 것은 맞으니까 체크하겠습니다. 그리고 수업 중에 함부로 욕하지 마세요."

"아, 왜 체크해요. 억울하네. 시간도 못 보냐고요."

교육활동 중 학생의 휴대 전화 사용으로 인한 문제가 빈번하게 발생하고 있습니다.

많은 학교에서 휴대 전화를 등교 직후 일괄 수거하였다가 하교 시 돌려주는 규정을 채택하고 있지만 휴대 전화를 학생이 소지하도록 하고 교육활동 중 사용했을 때만 제재하는 학교도 있습니다. 휴대 전화의 소지 및 사용, 어떻게 하는 것이 바람직할까요? 상당수 학생들은 학생 자신이 소지하고 쉬는 시간이나 점심시간에는 자유롭게 사용하고 싶어 합니다. 그러나 소지하고 있으면 수업 중에도 쓰고 싶어진다며 아예 일과 중에는 학교에서 보관해 주는 편이 낫다고 말하는 학생도 있습니다. 교사들도 학부모들도 입장이 다양합니다.

학교에서 학생의 휴대 전화 소지 및 사용 제한은 어디까지가 적절할까요? 우선 우리 학교 규정을 살펴보고 인근 학교 규정도 살펴보겠습니다. 어떤 차이가 있는지, 각 학교 규정의 장점과 단점은 무엇인지, 어떤 규정이 더 적절한지 생각해 보세요. 두 번째로 교사, 학생, 학부모의 인식을 비교해 보겠습니다. 어떤 공통점과 차이점이 있는지, 인식 조사 결과를 어떻게 해석하는 것이 적절한지 생각해 보세요. 세 번째로는 다양한 입장과 근거를 살펴봅시다. 마지막으로 외국에서는 이 문제에 대해 어떻게 접근하는지도 알아보겠습니다. 자료를 살펴본 뒤에 더 알아봐야 할 것이 있다면 스스로 찾아보기 바랍니다. 책, 논문, 기사문, 방송 자료, 더 많은 학교의 규정, 더 많은 외국 사례, 관련 법령, 교육부나 교육청의 입장, 국가인권위원회 자료 등을 찾아보기 바랍니다.

우리 학교 규정 및 관련 법령

1
우리 학교 규정

수업 중 (허락 없이) 휴대 전화를 사용하다가 3회 적발되면 학생생활교육
위원회에 회부되어 처벌받음

2
○○고등학교 학교 생활 규정

제22조 (통신기기 관리) 교내에서는 다음 각 호와 같은 사항을 준수해야
한다.

1. 휴대 전화의 사용

① 등교 후 담임 교사가 수거하며, 학교 일과 시간에는 담임 교사가 보관함을 원칙으로 한다.(교내에서 휴대 전화기는 특별한 경우를 제외하고 사용하지 않는다.)

② 일과시간에 휴대 전화를 사용해야할 경우 담임 교사는 사용할 수 있도록 조치를 취한다.

③ 위와 같은 사항 위반 시 다음과 같은 단계별 조치를 취한다. (공휴일 미포함)

단계	세부사항
1차 적발	구두상 훈계 조치 (대상 : 학생)
2차 적발	해당 학년부 지벌 및 선행봉사 3일 (대상 : 학생) ※ 이때 반드시 해당 보호자에게 연락하여 학교 규정에 관해 설명을 한다.
3차 적발	학교선도위원회 징계 대상자로 회부함.

3
헌법

제10조 모든 국민은 인간으로서의 존엄과 가치를 가지며, 행복을 추구할 권리를 가진다. 국가는 개인이 가지는 불가침의 기본적 인권을 확인하고 이를 보장할 의무를 진다.

제17조 모든 국민은 사생활의 비밀과 자유를 침해받지 아니한다.

제37조 ② 국민의 모든 자유와 권리는 국가안전보장·질서유지 또는 공공복리를 위하여 필요한 경우에 한하여 법률로써 제한할 수 있으며, 제한하

는 경우에도 자유와 권리의 본질적인 내용을 침해할 수 없다.

4
교육기본법

제2조(교육이념) 교육은 홍익인간(弘益人間)의 이념 아래 모든 국민으로 하여금 인격을 도야(陶冶)하고 자주적 생활능력과 민주시민으로서 필요한 자질을 갖추게 함으로써 인간다운 삶을 영위하게 하고 민주국가의 발전과 인류공영(人類共榮)의 이상을 실현하는 데에 이바지하게 함을 목적으로 한다.

제12조(학습자) ③ 학생은 학습자로서의 윤리의식을 확립하고, 학교의 규칙을 준수하여야 하며, 교원의 교육 · 연구활동을 방해하거나 학내의 질서를 문란하게 하여서는 아니 된다.

제14조(교원) ③ 교원은 교육자로서의 윤리의식을 확립하고, 이를 바탕으로 학생에게 학습윤리를 지도하고 지식을 습득하게 하며, 학생 개개인의 적성을 계발할 수 있도록 노력하여야 한다.

5
경기도 학생 인권 조례

제3조(학생의 인권 보장원칙) ② 학생의 인권에 대한 제한은 인권의 본질적 내용을 침해하지 않는 최소한의 범위에서 교육의 목적상 필요한 경우

에 한정하여 학생이 그 제·개정에 참여한 학칙 등 학교 규정으로써 할 수 있다.

제12조(사생활의 자유) ④ 학교는 학생의 휴대 전화 소지 자체를 금지하여서는 아니 된다. 다만, 학교는 수업 시간 등 정당한 사유와 제 18조의 절차에 따라 학생의 휴대 전화 사용 및 소지를 규제할 수 있다.

교육 주체의 인식

학교에서 휴대 전화의 소지 및 사용에 관한 인식 조사 〔학생용〕

본 설문조사는 '학교에서 휴대 전화의 소지 및 사용'에 대해 교사, 학생, 보호자의 생각이 어떠한지 알아보려는 것으로서 수업을 위한 목적 이외에는 사용되지 않습니다. 자신의 생각을 솔직하게 밝혀주시기 바랍니다.

1 휴대 전화를 어떤 용도로 많이 사용하나요?(3개까지 고를 수 있습니다.)

① 통신(전화, 문자, 카카오톡, 페이스북 메신저 등)

② 검색(포털사이트, 지도 검색 등)

③ 게임

④ SNS(인스타그램, 페이스북, 트위터, 카카오스토리, 네이버밴드 등)

⑤ 건강

⑥ 쇼핑

⑦ 동영상 보기(방송 시청, 유튜브 등)

⑧ 사진 찍기

⑨ 인터넷 카페

⑩ 기타 (   )

2   **수업 시간 중 휴대 전화를 갖고 있다면 사용하고 싶을까요?**

① 매우 사용하고 싶을 것이다.

② 대체로 사용하고 싶을 것이다.

③ 별로 사용하고 싶지 않을 것이다.

④ 전혀 사용하고 싶지 않을 것이다.

3   **수업 시간 중 휴대 전화를 가지고 있는데 카카오톡이나 문자 메시지 알림이 온다면 확인하고 싶을까요?**

① 매우 확인하고 싶을 것이다.

② 대체로 확인하고 싶을 것이다.

③ 별로 확인하고 싶지 않을 것이다.

④ 전혀 확인하고 싶지 않을 것이다.

4   **휴대 전화가 뒷담화, 따돌림의 도구로 사용된다는 의견에 대해 어떻게 생각하나요?**

① 매우 동의한다.

② 대체로 동의한다.

③ 별로 동의하지 않는다.

④ 전혀 동의하지 않는다.

5-1 학교에서 휴대 전화의 소지와 사용을 어떻게 하는 게 좋다고 생각하나요?

① 현행 유지(일괄 수거, 필요시 허락받아 사용)

② 학생이 소지하도록 하고 쉬는 시간과 점심시간에는 자유롭게 사용하게 함.

③ 학생이 소지하도록 하되 쉬는 시간과 점심시간을 포함한 일과시간 중에는 사용 금지

④ 수업 시간, 조종례 시간, 청소시간에 제출하고 쉬는 시간과 점심시간에는 받아서 사용

⑤ 기타 (   )

5-2 (5-1에서 ②, ③을 선택한 학생만 답하세요) 학생이 소지하게 할 경우 수업 시간 중 휴대 전화를 사용했는지 여부는 어떻게 결정해야 할까요?

① 사용했다는 것을 교사가 증명하거나 학생 스스로 인정할 때만 사용한 것으로 본다.

② 휴대 전화가 켜져 있을 경우 사용한 것으로 본다.(독일 바이에른 주에서 이렇게 하고 있음)

③ 가방이나 사물함 밖에 꺼내놓았을 경우 사용한 것으로 본다.

④ 기타 (   )

※ 기본사항

1. 성별

① 남성   ② 여성

복장 규정에 관한 인식 조사 〔교사용〕

본 설문조사는 '학교에서 휴대 전화의 소지 및 사용'에 대해 교사, 학생, 보호자의 생각이 어떠한지 알아보려는 것으로서 수업을 위한 목적 이외에는 사용되지 않습니다. 선생님의 생각을 솔직하게 밝혀주시기 바랍니다.

1   학생들은 휴대 전화를 어떤 용도로 많이 사용한다고 생각하시나요?(3개까지 고를 수 있습니다.)

　　　① 통신(전화, 문자, 카카오톡, 페이스북 메신저 등)

　　　② 검색(포털사이트, 지도 검색 등)

　　　③ 게임

　　　④ SNS(인스타그램, 페이스북, 트위터, 카카오스토리, 네이버밴드 등)

　　　⑤ 건강

　　　⑥ 쇼핑

　　　⑦ 동영상 보기(방송 시청, 유튜브 등)

　　　⑧ 사진 찍기

　　　⑨ 인터넷 카페

　　　⑩ 기타 (   )

2   학생들이 수업 시간 중 휴대 전화를 갖고 있다면 사용하고 싶을까요?

　　　① 매우 사용하고 싶을 것이다.

　　　② 대체로 사용하고 싶을 것이다.

　　　③ 별로 사용하고 싶지 않을 것이다.

　　　④ 전혀 사용하고 싶지 않을 것이다.

3 수업 시간 중 휴대 전화를 가지고 있는 학생이 카카오톡이나 문자 메시지 알림을 받는다면 확인하고 싶을까요?

① 매우 확인하고 싶을 것이다.

② 대체로 확인하고 싶을 것이다.

③ 별로 확인하고 싶지 않을 것이다.

④ 전혀 확인하고 싶지 않을 것이다.

4 휴대 전화가 뒷담화, 따돌림의 도구로 사용된다는 의견에 대해 어떻게 생각하시나요?

① 매우 동의한다.

② 대체로 동의한다.

③ 별로 동의하지 않는다.

④ 전혀 동의하지 않는다.

5-1 학교에서 휴대 전화의 소지와 사용을 어떻게 하는 게 좋다고 생각하시나요?

① 현행 유지(일괄 수거, 필요시 허락받아 사용)

② 학생이 소지하도록 하고 쉬는 시간과 점심시간에는 자유롭게 사용하게 함.

③ 학생이 소지하도록 하되 쉬는 시간과 점심시간을 포함한 일과시간 중에는 사용 금지

④ 수업 시간, 조종례 시간, 청소시간에 제출하고 쉬는 시간과 점심시간에는 받아서 사용

⑤ 기타 (   )

5-2 **(5-1에서 ②, ③을 선택한 분만 답하세요) 학생이 소치하게 할 경우 수업 시간 중 휴대 전화를 사용했는지 여부는 어떻게 결정해야 할까요?**

① 사용했다는 것을 교사가 증명하거나 학생 스스로 인정할 때만 사용한 것으로 본다.

② 휴대 전화가 켜져 있을 경우 사용한 것으로 본다.(독일 바이에른 주에서 이렇게 하고 있음)

③ 가방이나 사물함 밖에 꺼내놓았을 경우 사용한 것으로 본다.

④ 기타 (   )

※ 기본사항

1. 성별

① 남성   ② 여성

2. 교직 경력

① 10년 이하   ② 11년~20년   ③ 21년~30년   ④ 31년 이상

3. 담임 교사 여부

① 담임   ② 비담임

복장 규정에 관한 인식 조사 〔학부모용〕

본 설문조사는 '학교에서 휴대 전화의 소지 및 사용'에 대해 교사, 학생, 보호자의 생각이 어떠한지 알아보려는 것으로서 수업을 위한 목적 이외에는 사용되지 않습니다. 보호자님의 생각을 솔직하게 밝혀주시기 바랍니다.

1 **학생들은 휴대 전화를 어떤 용도로 많이 사용한다고 생각하시나요?(3개까지 고를 수 있습니다.)**

① 통신(전화, 문자, 카카오톡, 페이스북 메신저 등)

② 검색(포털사이트, 지도 검색 등)

③ 게임

④ SNS(인스타그램, 페이스북, 트위터, 카카오스토리, 네이버밴드 등)

⑤ 건강

⑥ 쇼핑

⑦ 동영상 보기(방송 시청, 유튜브 등)

⑧ 사진 찍기

⑨ 인터넷 카페

⑩ 기타 (   )

2 **학생들이 수업 시간 중 휴대 전화를 갖고 있다면 사용하고 싶을까요?**

① 매우 사용하고 싶을 것이다.

② 대체로 사용하고 싶을 것이다.

③ 별로 사용하고 싶지 않을 것이다.

④ 전혀 사용하고 싶지 않을 것이다.

3　수업 시간 중 휴대 전화를 가지고 있는 학생이 카카오톡이나 문자 메시지 알림을 받는다면 확인하고 싶을까요?

① 매우 확인하고 싶을 것이다.

② 대체로 확인하고 싶을 것이다.

③ 별로 확인하고 싶지 않을 것이다.

④ 전혀 확인하고 싶지 않을 것이다.

4　휴대 전화가 뒷담화, 따돌림의 도구로 사용된다는 의견에 대해 어떻게 생각하시나요?

① 매우 동의한다.

② 대체로 동의한다.

③ 별로 동의하지 않는다.

④ 전혀 동의하지 않는다.

5-1　학교에서 휴대 전화의 소지와 사용을 어떻게 하는 게 좋다고 생각하시나요?

① 현행 유지(일괄 수거, 필요시 허락받아 사용)

② 학생이 소지하도록 하고 쉬는 시간과 점심시간에는 자유롭게 사용하게 함.

③ 학생이 소지하도록 하되 쉬는 시간과 점심시간을 포함한 일과시간 중에는 사용 금지

④ 수업 시간, 조종례 시간, 청소시간에 제출하고 쉬는 시간과 점심시간에는 받아서 사용

⑤ 기타 (　　　　　　　　　　　　　　)

5-2 (5-1에서 ②, ③을 선택한 분만 답하세요) 학생이 소지하게 할 경우 수업 시간 중 휴대 전화를 사용했는지 여부는 어떻게 결정해야 할까요?

① 사용했다는 것을 교사가 증명하거나 학생 스스로 인정할 때만 사용한 것으로 본다.

② 휴대 전화가 켜져 있을 경우 사용한 것으로 본다.(독일 바이에른 주에서 이렇게 하고 있음)

③ 가방이나 사물함 밖에 꺼내놓았을 경우 사용한 것으로 본다.

④ 기타 (   )

※ 기본사항

1. 성별

① 남성   ② 여성

2. 보호자 구분

① 부   ② 모   ③ 조부모   ④ 형제나 자매   ⑤ 기타

여러 견해들

1

학생이 소지하도록 하여 쉬는 시간, 점심시간 등에는 자유롭게 사용할 수 있도록 하고, 교육활동 중 사용한 학생에 대해서만 개별적으로 조치해야 한다

2018년 5월 경기도교육청은 [2018 학교 생활 인권 점검 계획] 공문을 경기도 내 각 학교에 보냈습니다. 4페이지에 다음 내용이 있습니다.

학생들의 통신의 자유가 과도하게 제한되지 않도록 실질적으로 휴대 전화 소지·사용을 전면 제한하는 것과 같은 효과를 내는 규정은 개정

우리 학교는 조회시간에 담임 교사가 휴대 전화를 수거하여 교무실

에 보관하였다가 종례시간에 돌려주고 있는데 이렇게 하면 일과 시간 중에는 휴대 전화의 소지 및 사용이 전면 제한되므로 경기도교육청의 권고를 따르지 않았다고 볼 수 있습니다. 다만 경기도교육청의 권고를 학교에서 무조건 따라야만 하는 것은 아니므로 우리 학교의 규정이 불법적인 것은 아닙니다.

휴대 전화의 소지 및 사용에 대한 경기도교육청의 입장을 좀 더 자세히 알아보겠습니다. 경기도교육청은 휴대 전화의 소지 및 사용이 '사생활의 자유'에 해당한다고 보고 있습니다.

경기도 학생 인권 조례 제12조 제1항에서는 "학생은 부당한 간섭 없이 개인 물품을 소지·관리하는 등 사생활의 자유를 가진다."라고 규정하고 있으며, 이러한 맥락에서 제4항에서는 "학교는 학생의 휴대 전화 소지 자체를 금지하여서는 아니 되며, 다만 학교는 수업 시간 등 정당한 사유와 제18조의 절차에 따라 학생의 휴대 전화 사용 및 소지를 규제할 수 있다."고 규정하고 있습니다. 즉, 휴대 전화는 개인 물품이므로 학생 자신이 소지하는 것이 원칙이라는 것입니다. 교육활동 중 휴대 전화를 사용한 학생에 대해서는 개별적으로 제재해야 하며 모든 학생의 휴대 전화를 일괄적으로 수거하여 보관하는 방식은 바람직하지 않다고 보고 있습니다. 휴대 전화의 사용과 관련해서는 수업 시간 등 교육활동 중에는 사용을 제한할 수 있지만 쉬는 시간이나 점심시간에는 자유롭게 사용할 수 있도록 해야 한다는 것이 경기도교육청의 기본 입장입니다. 다만 '각 학교의 문화와 특성, 학생들의 행동 태양(겉으로 나타나는 모습)과 책임의식, 학업 분위기 등을 종합적으로 고려하여' 각 주체의 의견수렴과 민주적 토론을 통해 '조회시간에 수거하여 종례시간에 반환'하는 방식을 채택할 수 있으며 그렇게 할 경우에는 '쉬는 시간 및 점심 시간 동안 사용 방법, 긴급하거나 특별한 상황일 경우 사용 방법 등에 대한 조항들'을 추가로 삽입하도록 권고하고 있습니다.

경기도교육청의 입장을 간략히 정리하자면, 휴대 전화의 소지 및 사용은 사생활의 자유에 해당하는 것이므로 일괄 수거하여 보관했다가 돌려주는 방식을 가급적 지양(어떠한 것을 하지 아니함)하고, 어쩔 수 없이 그런 방식을 채택한 경우에도 쉬는 시간이나 점심시간, 긴급한 상황에서의 사용 방법에 대한 조항을 마련하라는 것입니다.

2
조회시간에 수거하고 종례시간에 돌려주는 일괄 수거 방식은
통신의 자유를 침해하므로 인권 침해이다

국가인권위원회에 따르면 일괄 수거 방식은 헌법 제18조가 보장하는 통신의 자유를 침해합니다. 헌법 제18조는 다음과 같습니다.

모든 국민은 통신의 비밀을 침해받지 아니한다.

또한 국가인권위원회는 일괄수거 방식이 유엔 [아동의 권리에 관한 협약] 제16조가 보장하는 권리를 침해한 것이라고 하였습니다. [아동의 권리에 관한 협약] 제16조는 아래와 같습니다.

제16조
1. 아동은 사생활과, 가족, 가정, 통신에 대해 자의적이거나 불법적인 간섭을

받지 않으며 또한 명예나 명성에 대해 불법적인 공격을 받지 않는다.

2. 아동은 이러한 간섭이나 공격으로부터 법적인 보호를 받을 권리가 있다.

이 조항에 따르면 아동이 통신에 대해 간섭을 받을 수는 있으나 그것이 불법적이어서는 안 된다는 것입니다. 여기서 아동이란 어린이를 뜻하는 것이 아니고 만 18세 이하의 미성년자를 말하는 것입니다.

국가인권위원회는 휴대 전화 일괄 수거 방식이 목적은 정당하다고 보았습니다. 학생들이 학습에 집중하도록 하기 위한 것이기 때문이며 수업에 지장이 초래되는 것을 방지하기 위한 것이기 때문입니다. 그러나 수업 시간 중 사용을 제한하는 등 기본권을 덜 제한하는 방식을 도입할 수 있으며, 공동체 내에서 토론을 통해 규율을 정하고 이를 실천하는 과정을 통해 본인의 욕구와 행동을 통제·관리할 수 있는 역량을 기르도록 교육하는 것이 바람직하다고 보았기 때문에 헌법 제18조가 보장하는 통신의 자유를 침해했다고 규정했습니다. 즉 목적이 정당하기는 하지만 다른 방법을 찾을 수 있으며 토론 등의 교육을 통해 자율성을 길러주는 것이 바람직하므로 인권 침해라는 것입니다.

헌법 제37조 2항은 헌법에 보장된 권리라고 하더라도 국가안전보장·질서유지 또는 공공복리를 위하여 필요한 경우에는 제한될 수 있음을 밝히고 있습니다. 다만 권리의 본질적인 내용은 침해될 수 없다고 하였습니다. 권리를 지나치게 제한해서는 안 된다는 원칙을 '과잉금지의 원칙'이라고 합니다. 과잉금지의 원칙을 위배했는지 판단하는 기준은 목적의 정당성, 방법의 적정성, 피해의 최소성, 법익의 균형성입니다.

국가인권위원회는 휴대 전화 일괄 수거 방식이 목적은 정당하지만 방법이 적정하지 못하고, 피해가 지나치게 크며, 일괄 수거를 할 때 얻을 수 있는 이익(학생을 수업에 집중시키고 휴대 전화 사용으로 인해 발생하는 수업방해를 방지함)보다 피해(통신의 자유 침해)가 너 크므로 과잉금지의 원칙을 위배한 것이라 본 것입니다.

3
학교에 따라서는 쉬는 시간, 점심시간을 포함한 일과 시간 중 휴대 전화 사용을 제한할 수도 있으며 그런 방식을 택했다고 하여 통신의 자유를 침해하거나 사생활의 자유를 침해한 것은 아니다

학생들이 대체로 교육활동 중 휴대 전화를 사용하지 않고 휴대 전화를 사용하다가 적발된 학생도 사용 사실을 순순히 인정하는 분위기가 자리 잡힌 학교에서는 굳이 일괄 수거 방식을 채택할 필요가 없습니다. 그러나 교육활동 중 휴대 전화를 사용하는 학생이 많고 사용 사실을 지적받았을 때 사용하지 않았다고 하거나 시간을 봤을 뿐이라고 하거나 만지기만 했을 뿐이라고 하는 등 거짓말을 하여 교사-학생 간 불필요한 갈등이 자주 생기는 학교에서는 갈등 예방과 원활한 교육활동을 위해 일괄 수거 방식이 필요하다고 주장하는 사람들이 있습니다.

국가인권위원회는 일괄 수거 방식이 「헌법」 제18조가 보장하는 통신의 자유를 침해하는 것이라고 보았습니다. 그러나 헌법 제18조는 "모든 국민은 통신의 비밀을 침해받지 아니한다."라고 되어 있습니다. 이는 휴대폰 등 통신수단을 어디서든 자유롭게 사용하는 것을 보장하는 조항이라기보다는 말 그대로 통신의 비밀을 보장하는 조항인 것으로 보입니다. 즉, 도청당하지 않을 자유를 보장하는 조항입니다. 일괄 수거 방식을 채택할 수 있다고 주장하는 사람들은 일괄 수거한다고 해서 헌법 제18조를 위반하는 것은 아니라고 말합니다.

경기도교육청은 일괄 수거 방식이 사생활의 자유를 지나치게 제한하는 것이라고 보았습니다. 그러나 일괄 수거 방식을 채택할 수 있다고 보는 사람들은 일괄 수거가 사생활의 자유를 침해한다고 보지 않거나 사생활의 자유를 일부 침해한다고 하더라도 질서유지, 공공복리(공공의 이익)를 위해 불가피한 조치이며, 학생이 교육활동에 집중할 수 있게 하는 것이 더 중요하므로 문제될 게 없다고 말합니다.

일괄 수거 방식이 사생활의 자유를 침해하는 것이라면 머리 염색과 문신, 화장을 금지하는 것도 사생활 침해이고 쉬는 시간이나 점심시간에까지 교복을 입게 하는 것도 사생활 침해가 아니냐는 의문이 제기됩니다. 2018년 초·중등 학교 내 음료 자판기에서 커피를 비롯한 모든 카페인 음료를 판매할 수 없도록 한 법률이 통과되었는데 국가가 지나치게 간섭하는 것이라는 문제가 제기되자 이 법률의 제정을 추진한 국회의원은 "아이들의 건강"이 우선이라며 문제될 것이 없다고 하였습니다. 일괄 수거 방식을 채택할 수 있다고 보는 사람들은 질서유지(교육활동 중 휴대 전화 사용으로 인한 갈등의 빈번한 발생을 방지) 또는 공공복리(다른 학생의 교육받을 권리보장)를 위해서 사생활의 자유가 제한될 수 있으며, 사생활의 자유보다는 학생들이 교육활동에 집중하게 하는 것이 우선이라고 말합니다.

경기도교육청은 '학생 자율 관리 방식'을 통해 학교 구성원들이 휴대 전화의 소지 및 사용 방법에 대해 자유롭게 논의하고, 학생들이 권리와 책임을 학습하고 실천할 수 있는 기회를 가질 수 있다고 하였습니다.

그러나 다른 의견을 가진 사람들은 '학생 자율관리 방식' 그 자체가 논의를 활성화하고 학생들에게 권리와 책임을 학습하고 실천할 수 있는 기회를 주는 것은 아니라고 말합니다. 오히려 학교에서의 휴대 전화 사용이 교육활동에 어떠한 영향을 미치는지, 휴대 전화 사용을 제한함으로써 얻을 수 있는 것과 잃게 되는 것이 무엇이며 그 중 무엇이 더 중요하게 고려되어야 하는지, 다른 학교나 다른 나라는 휴대 전화 사용과 관련하여 어떤 제도를 채택하고 있는지 등에 대한 교육이 실시되어야 논의도 활성화되고 학생들이 권리와 책임을 학습하고 실천할 수 있다고 말합니다.

초중등 교육법 시행령 제9조 1항 7호는 '학생 포상, 징계, 교육 목적상 필요한 지도 방법 및 학교 내 교육·연구활동 보호에 관한 사항 등 학생의 학교 생활에 관한 사항'에 관해 학칙에 기재할 수 있도록 밝히고 있습니다. 일괄 수거 방식을 채택해도 된다고 보는 사람들은 이 조항에 근거하여 일괄 수거 방식을 채택할 수 있으며, 초중등 교육법이 경기도 학생 인권 조례에 비해 상위 법령이므로 일괄 수거 방식이 문제될 게 없다고 말합니다.

외국 사례

프랑스는 2018년 9월 3일부터 6~15세 학생이 학교에서 휴대폰을 사용할 수 없는데 수업 시간뿐만 아니라 쉬는 시간, 점심시간에도 사용이 금지됩니다. 금지 이유는 교육활동에 집중하게 하기 위해서라고 합니다.

프랑스는 이미 2010년에 수업 중 스마트폰 사용을 금지했으나 몰래 휴대폰을 사용하는 학생이 늘자 이와 같은 제도를 도입했다고 합니다.

영국에서도 휴대 전화가 학업에 부정적인 영향을 미치고 '사이버 불링'(사이버 괴롭힘)에 악용될 위험성이 있다며 휴대 전화 사용을 금지해야 한다는 여론이 커지고 있다고 합니다(2018년 6월 20일 연합뉴스 기사 '학내 휴대 전화 금지 목소리 커지는 영국… 프랑스 따르나).' 호주 NWS(뉴사우스웨일즈) 주정부는 학교 내 스마트폰 금지에 관한 연구를 실시할 예정이라고 합니다. 스마트폰이 학습에 부정적 영향을 미치고 있으며 스마트폰을 통한 사이버 폭력이 심각하다는 여론의 영향인

듯합니다(2018년 6월 28일 한호일보 기사 '학교 내 휴대폰 금지, 약일까 독일까?').

독일 바이에른주 교육법은 학생이 휴대 전화를 휴대할 수는 있으나 켤 수는 없도록 규정하고 있다고 하며 다른 주에서는 학칙에 휴대 전화와 관련한 내용을 담도록 하고 있는데, 대체로 학교 일과 중 휴대 전화 사용을 금하고 있다고 합니다.

미국 뉴욕의 공립학교에서도 한동안 휴대 전화 소지 자체를 금했으나 등하굣길 안전을 이유로 소지를 허용했다고 합니다. 그 후 교실에서 휴대 전화 사용과 관련한 문제가 지속적으로 발생하자 학교별로 방안을 강구하기 시작했는데 캐비넷을 마련하여 등교 시 넣어 두었다가 하교시 가져가게 하는 학교가 있는가 하면, 학생 개개인에게 파우치를 나누어 주고 휴대 전화를 넣게 한 다음 파우치를 닫아서 각자 보관하게 하는 학교도 있다고 합니다. 파우치에는 강력한 자석이 붙어 있어서 오프너에 가져다 대야만 열린다고 합니다. 오프너는 점심시간과 하교 시에만 사용할 수 있다고 합니다.

토론문 작성하기

1
토론문 작성 요령

청중이 자신의 말을 알아들을지 의식하면서 작성해야 합니다. 자신만 이해할 수 있는 말을 하면 청중들은 의아해 하고 연사의 말에 집중하지 않게 됩니다.

1. 도입부   청중들의 관심을 끌 만한 말을 하여 앞으로 전개할 주장에 대해 관심을 갖게 합니다. 때로는 의도적으로 본론을 꺼내는 경우도 있습니다.

2. 본론   자신이 주장하는 바가 무엇인지 말하고 이유와 근거

를 구체적으로 제시합니다. 다른 주장의 문제점에 대해 비판합니다. 비판할 때도 설득력 있는 근거가 필요합니다.

3. 결론　　　　주장하는 바를 요약하여 제시합니다. 주장의 핵심이 무엇인지 청중들이 이해할 수 있도록 간결하게 말합니다.

2
토론문에 포함할 내용들

1. 우리 학교 규정과 다른 학교 규정의 비교
- 우리 학교 규정과 다른 학교 규정의 공통점과 차이점은 무엇인가?
- 우리 학교 규정과 다른 학교 규정의 장점과 단점은 무엇인가?

2. 휴대 전화의 소지 및 사용에 대한 교사, 학생, 보호자 인식 조사 결과 분석
- 결과를 통해 알 수 있는 것은 무엇인가?
- 교사, 학생, 학부모의 생각이 비슷한 것은 무엇이며 비슷한 이유는 무엇인가? 다른 것은 무엇이며 다른 이유는 무엇인가?
- 인식 조사 결과를 어떻게 해석해야 할까?

3. 앞에서 살펴본 여러 가지 입장에 대한 지지 또는 비판
- 휴대 전화 소지 및 사용은 사생활의 자유에 해당하는가?

■ 휴대 전화 소지 및 사용은 통신의 자유에 해당하는가?

■ 자율 관리 방식을 채택하면 학생들이 휴대 전화 소지 및 사용에 대해 자유롭게 논의하고 권리와 책임을 학습하고 실천할 수 있는가?

■ 몇몇 국가에서는 학생이 휴대 전화를 소지할 경우 교육활동에 집중하지 못하며, 휴대 전화가 집단 따돌림에 활용될 수 있다는 이유로 휴대 전화의 소지 및 사용을 제한하고 있다. 이에 대해 어떻게 생각하는가?

4. 휴대 전화의 소지 및 사용과 관련한 학교 생활 규정을 어떻게 해야 할까?

■ 현행규정을 유지해야 한다고 생각하는 경우 그 이유와 근거를 제시

■ 규정을 개정해야 한다고 생각하는 경우 개정해야 하는 이유와 근거를 제시하고 개정안도 제시

조별 토론하기

각 조는 추첨을 통해 다음 네 가지 입장 중 하나를 고르게 됩니다. 각 조는 자기 조가 고른 입장을 정당화하기 위한 이유와 근거를 제시해야 합니다.

각 조 구성원들은 역할을 적절히 나누어야 합니다. 조원이 네 명이라면 그 중 세 사람은 주장을 정당화 하기 위한 이유와 근거를 제시합니다. 나머지 한 사람은 규정을 어기는 데 대해 어떻게 책임을 지우는 것이 적절한지 방안을 제시합니다.

입장 1   학생이 소지하도록 하고 수업 중 사용 시에는 체크하여 3회 누적시 처벌한다.

입장 2   조회 시간에 휴대 전화를 수거하였다가 종례 시간에 돌려준다.

| 입장 3 | 수업 시작할 때 휴대 전화를 사물함에 넣어 둔다. |
| 입장 4 | 교실에 휴대 전화 보관함을 두고 수업 시작할 때 넣어 두었다가 수업 후 쓸 수 있도록 한다. |

토론자 1	우리 조의 주장, 주장의 이유에 대해 개략적으로 설명 주장의 첫 번째 이유와 근거 제시
토론자 2	주장의 두 번째 이유와 근거 제시
토론자 3	주장의 세 번째 이유와 근거 제시
토론자 4	우리 조가 제시한 방안을 어기는 학생에게 어떠한 책임을 부과하는 것이 적절한지 방안을 제시하고 이유

다른 조의 입장에 대해 질문하고 반박할 내용을 준비합니다. 어떤 질문을 누가 할 것인지, 어떤 반박을 누가 할 것인지 역할을 정합니다.

토론이 끝나면 자신의 실제 생각을 씁니다. 자신이 생각하는 바람직한 방안과 이유, 근거를 쓰고 그 방안을 어기는 학생에 대해 어떻게 책임을 지우는 것이 바람직한지 씁니다.

1   학생들은 휴대 전화를 어떤 용도로 많이 사용한다고 생각하시나요?(3개까지 고를 수 있습니다.)

	학생(158)	학부모(57)	교사(37)
① 통신(전화, 문자, 카카오톡, 페이스북 메신저 등)	89.2%	89.5%	89.2%
② 검색(포털 사이트, 지도 검색 등)	29.7%	15.8%	18.9%
③ 게임	22.2%	50.9%	75.7%
④ sns(인스타그램, 페이스북, 트위터, 네이버밴드 등)	60.1%	33.3%	54.1%
⑤ 건강	0.6%	0%	0%
⑥ 쇼핑	10.1%	1.8%	0%
⑦ 동영상 보기(방송 시청, 유튜브 등)	69.6%	70.2%	45.9%
⑧ 사진 찍기	14.6%	12.3%	21.6%
⑨ 인터넷 카페	1.9%	0%	0%

※ 학생 기타의견 : 웹툰 보기, 인강 듣기

2   수업 시간 중 (학생이) 휴대 전화를 갖고 있다면 사용하고 싶을까요?

	학생(158)	학부모(57)	교사(37)
① 매우 사용하고 싶을 것이다.	8.9%	70.7%	54.1%
② 대체로 사용하고 싶을 것이다.	34.2%	26.3%	43.2%
③ 별로 사용하고 싶지 않을 것이다.	43%	3.5%	2.7%
④ 전혀 사용하고 싶지 않을 것이다.	13.9%	0%	0%

3   수업 시간 중 (학생이) 휴대 전화를 가지고 있는데 카카오톡이나 문자 메시지 알림이 온다면 확인하고 싶을까요?

	학생(158)	학부모(57)	교사(37)
① 매우 확인하고 싶을 것이다.	14.6%	84.2%	75.7%
② 대체로 확인하고 싶을 것이다.	38%	15.8%	24.3%
③ 별로 확인하고 싶지 않을 것이다.	31.6%	0%	0%
④ 전혀 확인하고 싶지 않을 것이다.	15.8%	0%	0%

4   휴대 전화가 뒷담화, 따돌림의 도구로 사용된다는 의견에 대해 어떻게 생각하나요?

	학생(158)	학부모(57)	교사(37)
① 매우 동의한다.	13.3%	42.1%	40.5%
② 대체로 동의한다.	28.5%	45.6%	45.9%
③ 별로 동의하지 않는다.	31%	12.3%	10.8%
④ 전혀 동의하지 않는다.	27.2%	0%	2.7%

5-1 학교에서 휴대 전화의 소지와 사용을 어떻게 하는 게 좋다고 생각하나요?

	학생(158)	학부모(57)	교사(37)
① 현행 유지(일괄 수거, 필요시 허락받아 사용)	25.9%	87.7%	81.1%
② 학생이 소지하도록 하고 쉬는 시간과 점심시간에는 자유롭게 사용하게 함.	57%	3.5%	18.9%
③ 학생이 소지하도록 하되 쉬는 시간과 점심시간을 포함한 일과시간 중에는 사용 금지	4.4%	1.8%	0%
④ 수업 시간, 조종례 시간, 청소시간에 제출하고 쉬는 시간과 점심시간에는 받아서 사용	11.4%	5.3%	0%

※ 학생 기타 의견 : (반에 핸드폰 가방을 놓고 수업 시간엔 탁상에 보관받지 않는다.
   학부모 기타 의견 : 조례 시간에 일괄수거 종례 후 돌려준다.

5-2 (5-1에서 ②, ③을 선택한 응답자만 답변) 학생이 소지하게 할 경우 수업 시간 중 휴대 전화를 사용했는지 여부는 어떻게 결정해야 할까요?

	학생(158)	학부모(57)	교사(37)
① 사용했다는 것을 교사가 증명하거나 학생 스스로 인정할 때만 사용한 것으로 본다.	32%	40%	0%
② 휴대 전화가 켜져 있을 경우 사용한 것으로 본다.(독일 바이에른 주에서 이렇게 하고 있음)	29.1%	60%	77.8%
③ 가방이나 사물함 밖에 꺼내놓았을 경우 사용한 것으로 본다.	35%	0%	22.2%

※ 학생 기타 의견 : 나 자신을 사랑하고 믿는다, 다른 학생들의 제보, 핸드폰을 가지고 있게 하는데 알람이 안 울리게 무음 모드를 하고 사용하다 적발 시 징계 필요, 소리가 켜져 있거나 3번 같은 경우나 몰래하는 것을 다른 학생이나 교사가 보았을 때

학생 화장,
어디까지가
적절한가?

경희, 수정, 민주가 거울 앞에서 화장을 하고 있었다.

수정이가 말했다.

"완전 어이없어. 어제 영어가(영어 선생님이) 아이라인 그렸다고 지우라더라."

경희가 답했다.

"진짜? 황당한데? 다른 선생님들 아무 말 안 하는데 영어만 왜 그래?"

민주가 물었다.

"그래서 어떻게 했어? 지웠어?"

수정이가 말했다.

"어쩔 수 없이 지우긴 했는데 처음엔 따졌어. 규정에 아이라인 그리면 안 된다는 내용 없는데 왜 지우라고 하시냐고. 그랬더니 색조화장은 금지된다는 규정 있지 않냐면서 지우라는 거야. 아이라인 그린 게 무슨 색조화장이냐고 따졌더니 색조화장이라고 우기는 거야. 안 지우면 징계 올린다고 해서 어쩔 수 없이 지우긴 했는데 너무 짜증났어."

경희가 맞장구쳤다.

"그러게 진짜 짜증났겠다. 아이라인이 무슨 색조화장이야. 아이섀도우면 몰라도."

[학생 화장 허용 여부, 어떻게 할 것인가?]를 주제로 토론해 보도록 하겠습니다. 우선 학생들의 토론 장면[1]이 담긴 영상을 함께 보도록 하겠습니다.

영상 잘 보셨나요? 아래 몇 가지 질문에 답하면서 영상의 핵심 내용을 정리하고 소감을 적어 보도록 하겠습니다.

---

1 [EBS 행복한 교육세상]이라는 프로그램에서 <청소년 토론배틀>이라는 테마로 2018년 4월 24일에 방송된 내용 중 4:01~7:40 부분, 8:30~12:31 부분을 보여 준다. 토론 주제는 청소년 화장, 어떻게 생각하십니까?였다. 해당 방송은 EBS 홈페이지에서 무료로 볼 수 있다.

1   **학생 화장 찬성 측의 주장과 반대 측의 주장은 무엇인가요?**

■ 찬성 측 주장

①

②

③

■ 반대 측 주장

①

②

③

2   **영상을 본 소감을 적어 주세요.**

학생 화장을 전면 금지하던 시절도 있었으나 현재는 허용하는 학교들이 많습니다. 물론 허용의 정도는 학교마다 다릅니다. BB크림이나 선크림까지만 허용하는 학교, 거기에 입술 틴트까지 허용하는 학교, 지나치지 않은 선에서 색조화장도 허용하는 학교 등. 학교 규정과 현실이 다른 학교도 많습니다. 규정은 BB크림이나 선크림까지만 허용하지만 실제로는 틴트를 발라도 무방한 학교나 더 나아가서는 색조화장을 해도 무방한 학교도 꽤 있습니다. 규정이 모호하여 문제가 되는 학교도 있습니다. 색조화장을 금지한다는 규정이 있지만 무엇을 금지하고 무엇을 허용하는지 모호하여 지도 교사와 학생 사이에 실랑이가 벌어지기도 합니다.

화장, 대체 어떻게 하는 게 좋을까요? 전면 허용? 일부 허용? 전면 금지? 우선 화장과 관련한 법령과 우리 학교 규정, 다른 학교 규정을 살펴보겠습니다. 우리 학교 규정의 경우 조항의 내용이 포괄적이거나 모호하여 사람마다 서로 다르게 해석할 가능성이 큰지, 구체적이고 분명하여 누가 보더라도 동일하게 해석할 가능성이 높은지 판단해 보시기 바랍니다. 인근 다른 학교 규정과도 비교해 보고 어떤 면에서 다른지, 왜 다른지도 헤아려 보시기 바랍니다.

다음으로는 화장에 관한 교사, 학생, 학부모의 인식을 비교해 보시기 바랍니다. 비슷한 점은 무엇이고 다른 점은 무엇인지, 서로 생각이 다르다면 얼마나 다르고 다른 이유는 무엇인지 등을 확인해 보시기 바랍니다.

마지막으로 화장의 허용 여부를 둘러싼 쟁점에 대해 살펴봅니다. 화장 금지가 개성을 자유롭게 발현할 권리를 억압하는 것이라고 보는 사람은 화장 금지가 인권 침해라고 말합니다. 그러나 개성을 자유롭게 발현할 권리도 제한될 수 있다고 보는 사람은 화장을 제한하거나 금지하는 것을 인권 침해로 보는 것은 지나치다고 생각합니다. 화장품이 10대의 건강에 미치는 악영향을 중시하는 사람은 화장을 제한하거나 금지할 필요가 있다고 말하는 반면, 건강에 덜 해롭거나 해롭지 않은 화장품의 개발과 보급을 통해 해결해야 할 문제를 금지나 제한으로 해결하는 것은 부적절하다고 주장하는 사람도 있습니다. 문화의 차원에서 보자면 한편에는 화장을 통해 각자의 개성을 표현할 수 있다는 주장이 있고 다른 쪽에는 화장이 본래 타고난 개성을 죽이고 타인을 모방하는 것에 지나지 않는다는 주장이 있습니다.

우리 학교 화장 규정 및 관련 법령

1
우리 학교 규정

• 눈화장을 포함한 색조화장 금지

【학생 선도 기준표】

항	행위 내용	해당되는 선도내용				
		학교 내의 봉사	사회 봉사	특별교육 이수	출석 정지	퇴학
15	수업 중 (허락없이) 휴대 전화 사용 및 화장을 하는 행위(3회 이상)	●				
43	동일 사안으로 선도위원회에 회부된 때에는 다음 단계의 선도 내용을 단계적으로 적용	●	●	●	●	●

2

○○고등학교 학생생활 규정

- A 고등학교 : 지나친 색조화장 금지
- B 고등학교 : 얼굴화장, 매니큐어 등을 하지 않는다.

3

헌법

제10조 모든 국민은 인간으로서의 존엄과 가치를 가지며, 행복을 추구할 권리를 가진다. 국가는 개인이 가지는 불가침의 기본적 인권을 확인하고 이를 보장할 의무를 진다.

제37조 ②국민의 모든 자유와 권리는 국가안전보장·질서유지 또는 공공복리를 위하여 필요한 경우에 한하여 법률로써 제한할 수 있으며, 제한하는 경우에도 자유와 권리의 본질적인 내용을 침해할 수 없다.

4

경기도 학생 인권 조례

3조(학생의 인권 보장원칙) ② 학생의 인권에 대한 제한은 인권의 본질적 내용을 침해하지 않는 최소한의 범위에서 교육의 목적상 필요한 경우에 한정하여 학생이 그 제·개정에 참여한 학칙 등 학교 규정으로써 할 수 있다.

제11조(개성을 실현할 권리) ① 학생은 복장, 두발 등 용모에 있어서 자신의 개성을 실현할 권리를 가진다.

교육 주체의 인식

화장에 대한 인식조사 [학생용]

본 설문조사는 학생의 화장에 대해 교사, 학생, 학부모가 어떻게 생각하는지, 화장과 관련한 우리 학교 규정에 대해 어떻게 생각하는지 알아보기 위한 것입니다. 조사 목적 이외에는 사용되지 않으니 솔직하게 답변해 주시면 고맙겠습니다.

1   **학교에 등교하는 월~금요일 중에 화장을 하나요?**

    ① 5일 중 4~5일 한다.

    ② 5일 중 2~3일 한다.

    ③ 5일 중 하루 정도 한다.

    ④ 거의 하지 않는다.

    ⑤ 하지 않는다.

2 다음 중 자신에게 해당되는 것을 고르세요.

		① 한다	② 하지 않는다
2-1	대체로 BB 크림, 파운데이션, 콤팩트, 파우더 등을 바른다.		
2-2	대체로 틴트를 바르거나 립스틱을 바른다.		
2-3	대체로 마스카라를 바른다.		
2-4	대체로 눈썹을 그린다.		
2-5	대체로 아이라인을 그린다.		
2-6	대체로 아이섀도우를 바른다.		
2-7	대체로 볼터치를 한다.		

3 다음은 화장에 대한 우리 학교 규정입니다. 이 규정이 다음 각 항목을 허용한다고 생각하나요?

- 눈화장을 포함한 색조화장 금지
    ① 허용한다   ② 허용하지 않는다

		① 허용함	② 허용하지 않음
2-1	BB 크림, 파운데이션, 콤팩트, 파우더 등을 바른다.		
2-2	틴트를 바르거나 립스틱을 바른다.		
2-3	마스카라를 바른다.		
2-4	눈썹을 그린다.		
2-5	아이라인을 그린다.		
2-6	아이섀도우를 바른다.		
2-7	볼터치를 한다.		

4 학생들이 화장을 하는 이유는 무엇인가요?(해당되는 것을 모두 선택)

① 얼굴의 단점을 감추기 위해서

② 얼굴의 장점을 강조하기 위해서

③ 성숙해 보이고 싶어서

④ 이성에게 아름답게 보이려고

⑤ 대부분의 학생이 하는데 나만 안 하면 이상하게 보일까봐

⑥ 나만의 개성을 표현하기 위해

⑦ 기타 (   )

5 화장이 학업에 방해가 된다는 말에 대해 어떻게 생각하나요?

① 동의한다.

② 동의하지 않는다.

③ 잘 모르겠다.

6 화장하는 것은 학생답지 않은 행동이라는 말에 대해 어떻게 생각하나요?

① 동의한다.

② 동의하지 않는다.

③ 잘 모르겠다.

7 (화장하는 학생만 답하세요) 화장하지 못하고 등교하는 날에는 어떻게 하나요?

① 맨 얼굴로 지낸다.

② 마스크 등으로 얼굴을 가린다.

③ 등교한 뒤에 화장한다.

④ 기타 (   )

화장에 대한 인식조사 〔교사용〕

본 설문조사는 학생의 화장에 대해 교사, 학생, 학부모가 어떻게 생각하는지, 화장과 관련한 우리 학교 규정에 대해 어떻게 생각하는지 알아보기 위한 것입니다. 조사 목적 이외에는 사용되지 않으니 솔직하게 답변해 주시면 고맙겠습니다.

1 **학생들이 화장을 하는 이유는 무엇이라고 생각하시나요?(해당되는 것을 모두 선택)**

    ① 얼굴의 단점을 감추기 위해서

    ② 얼굴의 장점을 강조하기 위해서

    ③ 성숙해 보이고 싶어서

    ④ 이성에게 예뻐 보이려고

    ⑤ 대부분의 학생이 하는데 나만 안 하면 이상하게 보일까봐

    ⑥ 자신만의 개성을 표현하기 위해

    ⑦ 기타 (   )

2 **다음은 화장에 대한 우리 학교 규정입니다. 이 규정이 다음 각 항목을 허용한다고 생각하시나요?**

- 눈화장을 포함한 색조화장 금지
    ① 허용한다   ② 허용하지 않는다

		① 허용함	② 허용하지 않음
2-1	BB 크림, 파운데이션, 콤팩트, 파우더 등을 바른다.		
2-2	틴트를 바르거나 립스틱을 바른다.		

2-3	마스카라를 바른다.		
2-4	눈썹을 그린다.		
2-5	아이라인을 그린다.		
2-6	아이섀도우를 바른다.		
2-7	볼터치를 한다.		

3 **화장이 학업에 방해가 된다는 말에 대해 어떻게 생각하나요?**

① 동의한다.

② 동의하지 않는다.

③ 잘 모르겠다.

4 **화장하는 것은 학생답지 않은 행동이라는 말에 대해 어떻게 생각하나요?**

① 동의한다.

② 동의하지 않는다.

③ 잘 모르겠다.

5 **선생님께서는 화장 관련 규정 위반 학생을 대체로 어떻게 지도하시나요?**

① 규정 위반에 대해 지적하고 앞으로 주의하라고 말한다.

② 규정 위반 행위에 대해 시정을 요구하고 확인한다.

③ 규정이 정한 절차에 따른다.(학급에 비치된 체크리스트에 체크함)

④ 지도할 필요가 없다고 생각하여 지도하지 않는다.

⑤ 위반 학생이 너무 많고 지도할 방안이 마땅치 않아 지도하지 못한다.

⑥ 기타 (   )

화장에 대한 인식조사 학부모용

본 설문조사는 학생의 화장에 대해 교사, 학생, 학부모가 어떻게 생각하는지, 화장과 관련한 우리 학교 규정에 대해 어떻게 생각하는지 알아보기 위한 것입니다. 조사 목적 이외에는 사용되지 않으니 솔직하게 답변해 주시면 고맙겠습니다.

1 자녀의 성별은 무엇인가요?

① 남성   ② 여성

2 학부모님의 자녀는 학교에 등교하는 월~금요일 중에 화장을 하나요?

① 5일 중 4~5일 한다.

② 5일 중 2~3일 한다.

③ 5일 중 하루 정도 한다.

④ 거의 하지 않는다.

⑤ 하지 않는다.

3 다음 중 학부모님의 자녀에게 해당되는 것을 고르세요.

		① 한다	② 하지 않는다
2-1	대체로 BB 크림, 파운데이션, 콤팩트, 파우더 등을 바른다.		
2-2	대체로 틴트를 바르거나 립스틱을 바른다.		
2-3	대체로 마스카라를 바른다.		
2-4	대체로 눈썹을 그린다.		
2-5	대체로 아이라인을 그린다.		
2-6	대체로 아이섀도우를 바른다.		
2-7	대체로 볼터치를 한다.		

4 다음은 화장에 대한 우리 학교 규정입니다. 이 규정이 다음 각 항목을 허용한다고 생각하시나요?

• 눈화장을 포함한 색조화장 금지
  ① 허용한다   ② 허용하지 않는다

		① 허용함	② 허용하지 않음
2-1	BB 크림, 파운데이션, 콤팩트, 파우더 등을 바른다.		
2-2	틴트를 바르거나 립스틱을 바른다.		
2-3	마스카라를 바른다.		
2-4	눈썹을 그린다.		
2-5	아이라인을 그린다.		
2-6	아이섀도우를 바른다.		
2-7	볼터치를 한다.		

5 학생들이 화장을 하는 이유는 무엇이라고 생각하시나요?(해당되는 것을 모두 선택)

① 얼굴의 단점을 감추기 위해서

② 얼굴의 장점을 강조하기 위해서

③ 성숙해 보이고 싶어서

④ 이성에게 예뻐 보이려고

⑤ 대부분의 학생이 하는데 나만 안 하면 이상하게 보일까봐

⑥ 자신만의 개성을 표현하기 위해

⑦ 기타 (   )

6 화장이 학업에 방해가 된다는 말에 대해 어떻게 생각하시나요?

① 동의한다.

② 동의하지 않는다.

③ 잘 모르겠다.

7 화장하는 것은 학생답지 않은 행동이라는 말에 대해 어떻게 생각하시나요?

① 동의한다.

② 동의하지 않는다.

③ 잘 모르겠다.

학생 화장에 관한 쟁점

1
개성의 자유로운 발현권

가. 학생에게도 개성의 자유로운 발현권이 보장되어야 한다

인간이라면 누구나 개성을 자유롭게 표현할 권리가 있습니다. 학생이라고 해서 이 권리를 제약받아야 하는 건 아니라고 생각하는 사람들은 학생의 화장 여부, 한다면 어떻게 얼마만큼 할 것인가 여부는 학생 스스로 결정할 문제라고 주장합니다. 옷을 어떻게 입을지, 헤어스타일을 어떻게 할 것인지 결정할 때 타인으로부터 간섭받지 않을 권리가 있는 것처럼 화장에 대해서도 타인으로부터 간섭받지 않고 결정할 권리가 있다는 것입니다. 국가인권위원회는 직접 화장에 대해 언급하지는 않았지만 2018년 2월 19일에 발표한 [학교 생활에서의 학생인권 증진을 위한 정책 개선 권고]에서 "학생의 용모에 관한 권리는 「헌법」 제10조에서 파생한 '개성을 자유롭게 발현할 권리'이자 타인에게 위해를 미치지 않는 범위 내에서 간섭받음이 없이 자신의 라이프 스타일을 스스로 결정할 수 있는 '자기결정권'이라는 기본권"이라고 하였습니다. 화장 역시 용모에 관련한 것이므로 '개성을 자유롭게 발현할 권리'에 포함된다고 볼 수 있을 것입니다. 국가인권위원회는 '개성을 자유롭게 발현할 권리'가 「헌법」 제10조에서 파생된 권리라고 하였는데 대체 「헌법」 제10조가 천명하고 있는 권리는 무엇일까요? 바로 '행복추구권'입니다.

모든 국민은 인간으로서의 존엄과 가치를 가지며, 행복을 추구할 권리를 가진다. 국가는 개인이 가지는 불가침의 기본적 인권을 확인하고 이를 보장할 의무를 진다.

학생 화장을 금지하면 안 된다고 주장하는 사람들은 화장하는 것이 개성을 자유롭게 표현하는 것이고, 인간이 개성을 드러내는 이유는 행복하기 위함인데, 「헌법」 제10조가 모든 국민의 '행복추구권'을 보장하고 있으므로 학생의 화장 여부, 화장의 방법이나 정도도 학생 스스로 결정할 수 있어야 한다고 말합니다.

나. 정당한 사유가 있으면 제한할 수 있다

반면에 학생 화장을 금지하거나 제한해야 한다고 주장하는 사람들은 화장이 '개성을 자유롭게 발현할 권리'에 해당된다고 하더라도 무한정

보장되는 것은 아니라고 말합니다. 거주·이전의 자유가 누구에게나 보장되지만 경제적 여유가 있더라도 그린벨트 지역에 집을 짓고 살 수는 없고 표현의 자유가 있지만 타인을 모욕하거나 명예훼손을 할 수 없는 것처럼 '개성을 자유롭게 발현할 권리' 역시 경우에 따라 제한되거나 금지될 수 있다는 것입니다. 그렇다면 어떤 경우에 기본권이 제한될 수 있을까요? 헌법 제37조 2항에서 기본권 제한의 근거를 찾을 수 있습니다.

> 국민의 모든 자유와 권리는 국가안전보장·질서유지 또는 공공복리를 위하여 필요한 경우에 한하여 법률로써 제한할 수 있으며, 제한하는 경우에도 자유와 권리의 본질적인 내용을 침해할 수 없다.

이 조항에 근거하여 설명하자면 그린벨트 지역에 집을 짓고 살 수 없는 이유는 공공복리를 위해서라고 할 수 있습니다. 공공복리란 사회 전체에 공통되는 복지나 이익을 가리키는 말입니다. 무분별한 개발을 제한하여 자연환경이 파괴되는 것을 막을 때 모두가 쾌적한 환경 속에서 살 수 있으므로 그린벨트 지역에 집을 짓지 못하게 하는 것이 정당화됩니다. 그렇다면 명예훼손이나 모욕을 금하는 근거도 위 조항에서 찾을 수 있을까요?

국가안전보장에 해당된다고 보기도 어렵고 질서유지나 공공복리를 위해서라고 보기도 어렵습니다. 명예훼손이나 모욕을 금하는 이유는 그것이 다른 사람의 기본권을 침해하기 때문입니다. 여기서 우리는 기본권의 한계를 알 수 있습니다. 타인의 권리를 침해하지 않는 선에서 보장받을 수 있다는 것입니다. 그렇다면 학생 화장은 어떨까요? 학생의 화장이 국가안전보장을 위협하는 것도 아니고 질서를 해치는 것이라고 보기도 어렵습니다. 화장을 제한함으로써 공공복리가 증진되는 것이라고 보기도 어렵습니다. 화장이 타인의 권리를 침해한다고 보기는 더더욱 어렵습니다. 그렇다면 학생 화장도 허용해야 하는 것 아닐까요? 학생 화장을 금하거나 제한해야 한다고 주장하는 사람들은 두 가지 이유를 제시합니다.

첫째, 판단력과 욕구 조절 능력이 아직 부족하다고 보기 때문입니다. 이들은 선거 연령에 제한을 두는 것처럼 아직 성인이 아닌 학생에 대해서도 화장을 금하거나 제한할 수 있다고 말합니다. 나라마다 다르긴 하지만 대부분의 나라에서 선거 연령에 제한을 두는 이유는 투표라는 행위가 갖는 법적·정치적 의미를 이해하고 후보자를 선택할 수 있는 능력이 일정 연령 이상 되어야 갖춰진다고 보기 때문입니다. 학생 화장을 금하거나 제한해야 한다고 주장하는 사람들은 화장의 경우에도 화장의 사회적 의미, 화장이 건강에 미치는 영향, 판매량을 늘리기 위해 화장품 제조 기업이 만들어 내는 이미지, 화장하지 않으면 이상하게 보는 또래 문화 등을 종합적으로 고려하여 판단하고 욕구를 적절히 제어할 수 있는 능력이 학생들에게는 부족하다고 지적합니다.

둘째, 화장이 비교육적 상황을 초래한다고 보기 때문입니다. 이 같은 관점에서 볼 수 있는 외국 사례가 있는데, 영국의 한 초등학교에서는 동일규격 가방을 메도록 했더니 유명 디자이너 브랜드 가방을 메는 학생이 없어졌고 출석률이 높아졌다고 합니다[2]. 이 기사에는 몇몇 학생의 인터뷰 내용도 실려 있는데 한 학생은 "최고 물건을 가져야 한다는 사회적 기대감이 학교 생활에도 영향을 준다. 예전엔 좋은 물건이 있는 사람들 중심으로 무리가 형성되기도 했지만 이제 이런 일은 없다고 생각한

---

2 박세원, "'필통' 금지한 영국 학교… 출석률 늘고 왕따 줄었다", 국민일보 2018.5.13.

다. 이제 더 이상 문제가 아니다."라고 했습니다. 이 학교는 학생들이 빈부격차를 느끼지 않도록 하기 위해 필통 소지를 금하기도 했는데, 폴린 존스톤 교장은 "필통이 금지되면서 책상 위에서 아이들이 서로를 비교하는 일이 없어졌고, 그에 따라 연쇄적인 효과가 나타나고 있다"며 긍정적 결과가 보인다고 말했습니다. 가방과 필통에 대해 학교가 제한하는 것을 행복추구권, 사생활의 자유 침해로 볼 수도 있으나 빈부 격차가 드러나지 않게 하는 것이 더 중요하다고 본다면 정당한 권리 제한으로 볼 수 있습니다. 국가인권위원회는 앞서 언급한 권고안에서 교육 목적상 필요할 경우 최소한의 범위 내에서 기본권이 제한될 수 있음을 밝히고 있기도 합니다. 학생 화장을 제한하거나 금지해야 한다고 주장하는 사람들은 화장의 정도나 방법 등을 통해 지나친 경쟁이 발생하는 것을 막고 고가 화장품을 소유한 학생으로 인해 빈부격차가 드러나는 것을 방지하는 것이 교육 목적상 필요하다고 말합니다. 그들은 경쟁보다 협력을 가르치는 것, 내가 남보다 우월하다는 생각이 아니라 타인도 나와 마찬가지로 존엄한 인간임을 깨닫도록 가르치는 것이 교육의 중요한 목적이라고 강조합니다.

2
건강권

가. 화장품은 어린이, 청소년에게 특히 유해하니 화장을 금하거나 제한해야 한다

화장품의 유해성에 주목하는 사람은 화장품에 포함된 각종 유해 성분이 청소년에게 특히 좋지 않으므로 학생 화장을 금지하거나 최소한 만 허용해야 한다고 주장합니다. EBS방송 [SOS! 우리몸 X파일] "색조 화장의 비밀" 편에서는 색조화장품의 위험성을 경고하였는데, 어린이 는 성인에 비해 화장품 성분을 더 많이 흡수하기 때문에 가려움이나 따 가움 등 부작용이 생길 가능성이 더 높다고 하였습니다. 또한 색조화장 품 성분에는 암, 접촉성 피부염, 알레르기, 성조숙증 등을 일으키는 성 분이 포함되어 있다고 경고하였습니다.

2019년 5월 5일 중앙일보 기사 ["화장 안 해서 왕따 당한다" 초등생 딸이 이렇게 말한다면]에서 한 피부과 전문의는 "화장품 사용으로 인한 부작용을 알려주고, 선크림과 립밤 정도까지만 허용하는 게 좋다"고 말 합니다. 아직 어린이용 화장품의 안전성이 확보되지 않았기 때문인데, 특히 색조화장품은 인공 색소로 만들어 그 자체가 발암물질인 경우가 적지 않다고 합니다. 실제 인공타르 색소에는 비소·납 등의 중금속이 함유돼 있어 식품첨가물에는 사용을 금지하는 경우가 많지만, 화장품 에는 이런 색소 사용을 허용하고 있다고 합니다. 특히 학생들이 주로 사 용하는 화장품은 저가 화장품, 소위 로드샵이라 불리는 곳에서 파는 화 장품인 경우가 많은데 이런 화장품일수록 안전성에 문제가 있을 확률 이 높다고 합니다. 저렴한 가격으로 화장품을 제조하려면 성분의 유해 성은 고려하기 어렵다는 것입니다.

나. 화장을 금지할 것이 아니라 학생 자신이 현명하게 소비하거나 제조업체 규제를 통해 해결해야 한다

반면에 화장품에 포함된 유해 성분이 문제이긴 하지만 그것은 화장

자체의 문제라기보다는 화장품의 문제이므로 적절한 규제나 소비자 자신의 현명한 선택 등을 통해 해결해야 할 문제이지 화장을 금지해서 해결할 문제는 아니라고 주장하는 사람도 있습니다. 이들은 시중에 유통되는 화장품에 유해 성분이 포함되어 있는지 알려주는 어플리케이션을 활용하면 피부 건강을 해치는 화장품을 피할 수 있다고 말합니다. 소비자들이 불매운동을 통해 화장품 제조업체로 하여금 유해 성분인 파라벤을 사용하지 않도록 했다는 점을 예로 들기도 합니다. 법의 제정이나 개정을 통해 유해 성분 포함 화장품의 제조를 막을 수 있다고 말하기도 합니다. 일례로 2019년 3월 21일 미국 캘리포니아주의회는 '무독성 화장품 법안'을 통과시켰습니다. 이 법안에 따라 캘리포니아에서 판매되는 모든 화장품에는 납, 수은, 석면 등 20가지 화학 물질을 포함할 수 없게 되었습니다.

3
개성 실현

가. 화장은 개성 실현의 한 방법으로 존중되어야 한다

『의복과 화장의 사회심리학』다이보 이쿠오, 고야마 스스무(2005), 의복과 화장의 사회심리학, 동서교류에서는 의복 및 화장의 사회·심리적 기능을 세 가지로 설명하는데 그 중 하나가 자신의 확인·강화·변용입니다. 자신의 확인이란 화장을 통해 자신의 특징을 알게 된다는 것입니다. 예를 들면 얼굴이 타원형이라거나 얼굴 어느 곳에 주름이 어느 만큼 있다거나 윗입술이 두껍다거나 하는 것을 자세히 알게 된다는 것입니다. 자신의 강화란 자신의 장점이라고 생각하는 부분을 화장을 통해 강조하는 것입니다. 예를 들면 큰 눈이 강조되는 화장을 한다든가 하는 것입니다. 자신의 변용이란 화장을 통해 단점이라고 생각하는 부분을 감추는 것입니다. 눈이 작은 사람이 눈이 커 보이도록 화장하거나 광대뼈가 나온 사람이 그 점이 두드러지지 않도록 화장하는 것 등이 예가 될 수 있습니다. 화장의 확인·강화·변용 기능을 두고 학생들은 흔히 개성 실현이라고 표현합니다. 자기 얼굴의 특징을 이해한 바탕 위에서 장점은 부각시키고 단점은 감춤으로써 개성을 드러낼 수 있다는 것입니다.

나. 화장으로 인해 타고난 개성이 사라진다

반면에 화장이 오히려 개성을 없앤다는 주장도 있습니다. 세상 사람들은 모두 제각기 다른 외모를 갖고 태어나고 그것이야말로 개성의 원천인데 화장은 외모에 변형을 가하여 개성을 없앤다는 것입니다. 방학이 지나고 나면 쌍꺼풀 수술을 하고 나타나는 여학생이 몇 명씩 있는데 아직까지 수술하지 않은 학생들도 언젠가는 하고 싶어 하는 경우가 많습니다. 쌍꺼풀 있는 눈, 작고 갸름한 얼굴, 큰 눈, 오똑한 코. 입술에 한해 좀 더 구체적으로 말하면 성형외과 의사들은 윗입술 두께가 아랫입술의 2/3 정도이고 폭은 코의 폭보다 넓고 양쪽 눈의 가장자리 폭보다는 좁은 입술이 아름다운 입술이라고 합니다. 입술 꼬리는 살짝 들려 있어야 웃을 때 예쁘다고 합니다. 앞에서 화장이 얼굴의 장점을 강조하고 단점을 감춘다고 했는데 장점이란 결국 외모에서 미인의 기준에 가까운 측면을 의미하고 단점은 그 기준에서 벗어난 것을 의미합니다. 쌍꺼풀 없는 눈 그 자체를 개성으로 볼 수 있음에도 미인의 기준에서 바라보면 단점이 되는 것입니다. 결국 화장을 통해 장점을 강조하면 할수록 단점을 감추면 감출수록 남들이 미인이라고 생각하는 얼굴에 가까워지는 것이므로 타고난 개성이 드러난다기보다 개성이 없어진다고 볼 수 있습니다. 마찬가지로 성형외과 광고에 등장하는 얼굴들을 보면 다 비슷한데 성형이 그러하듯이 화장도 비슷비슷한 얼굴이 되기 위해 하는 것이라고 할 수 있습니다.

학생 화장을 금지하지 말아야 한다고 주장하는 사람들은 화장을 통해 자신의 외모 특징을 알 수 있고 개성을 살릴 수 있다고 말합니다. 반면에 금지하거나 제한해야 한다고 주장하는 사람들은 타인이 만든 기준에 자기를 맞추려고 애쓰는 것은 개성을 상실하는 것임을 알게 해주고 유행에 따르려는 욕구를 적절히 통제할 필요가 있다고 말합니다.

4
자기만족? 또래의 시선 의식?

가. 화장은 자기만족이다

학생 화장에 대해 부정적으로 생각하는 부모 중에는 화장 안 한 얼굴이 훨씬 예쁜데 왜 기를 쓰고 화장을 하는지 모르겠다고 말하는 사람들이 있습니다. 이 말을 들은 학생은 이렇게 답합니다.

"제 눈엔 화장한 얼굴이 더 예뻐 보여요."

그러면 부모가 다시 말합니다.

"그래, 좋아. 화장한 얼굴이 예쁘다 치자. 그런데 꼭 그렇게 진하게 화장해야겠니? 한 듯 안 한 듯 화장하는 게 유행이라는데 너는 왜 그렇게 진하게 해. 별로 안 예뻐."

이에 대해 학생이 말합니다.

"자기만족이죠. 그냥 내가 만족하면 되는 거지 남들 보기 좋으라고 하는 거 아니에요."

학생 화장에 찬성하는 사람은 화장을 할지 말지, 한다면 어떤 방식으로 할지, 진하게 할지 연하게 할지 등등을 결정하는 것은 각자의 기준에 따라 다르다고 말합니다. 스스로 만족스럽다고 느끼기 위해서 화장하는 것이니 그에 대해 남들이 왈가왈부하는 것은 부당한 간섭이라고 보는 것입니다.

나. 화장은 또래에게 인정받기 위해 하는 것이다

반대로 학생들이 화장하는 이유는 타인에게 인정받기 위해서라는 연구 결과가 있습니다.

> 대다수의 초등학교 고학년 여학생들은 아름답게 보이기 위해 화장을 하는 것으로 나타났다. 화장을 하는 이유로는 자신의 만족감보다는 타인의 시선을 의식하는 경향이 있었다. (중략) 화장 후의 자신의 모습에 대해 만족감을 가지고 긍정적으로 평가하는 여학생보다 화장 전 자신의 모습을 부정적으로 평가하는 여학생이 많았다[3].

---

3   김예인(2018), 초등 고학년 여학생의 화장행동에 대한 탐색적 연구, 서울교육대학교 석사학위논문, 17쪽

그렇다면 학생들은 타인, 특히 또래로부터 인정받기 위해 어떤 방식으로 화장을 할까요? 눈에 띄고 주목받을 수 있도록 남들과 다르게 화장을 하려 할까요? 아니면 또래들이 하는 대로 하려 할까요?

> 여중고생의 화장행동에 혁신(새로운 것을 추구하고 창조하는 것)이 미치는 영향보다는 동료 압력에 의해 화장을 한다는 것이 훨씬 높게 나타나 여중고생의 특성을 잘 나타내 주고 있다. 이는 여중고생의 화장 행동은 동조현상이나 멤버로서의 집단에 대한 소속감으로 인해 개인적인 혁신 성향보다 집단의 구성원으로 행동하고자 하는 개인의 의지에 따른 결과로 이해된다[4].

마스크를 쓰고 있는 여학생을 심심치 않게 볼 수 있습니다. 미세먼지 때문에 마스크를 쓴 것일 수도 있지만 미세먼지가 심하지 않은 날에도 마스크를 쓰고 있는 학생들이 꽤 있습니다. 마스크를 쓰고 있는 여학생 상당수가 평소에 화장을 하고 다니는 학생인데 아침에 시간이 없어서 화장을 하지 못하고 등교하는 경우에 마스크를 씁니다. 선생님께서 왜 마스크를 썼냐고 물으시면 쌩얼(화장하지 않은 맨얼굴)이 창피해서라고 답합니다. 왜 화장을 하는지 물으면 이렇게 답하는 학생이 꽤 있습니다.

"다른 애들 다 하는데 나만 안 하면 이상하잖아요."

결국 쌩얼로 등교한 학생이 마스크를 쓰는 이유는 다른 학생들 눈에 이상해 보일까봐 걱정되기 때문인 것입니다. 10대 청소년이 외모에 관

---

4 남헌일 송기유 이재의(2010), 여중고생의 혁신과 또래압력이 색조화장행동에 미치는 영향, CRM연구 제3권 제2호, 15쪽

심을 많이 갖지만 자기 얼굴의 특성에 맞게 화장을 하기보다는 주변 학생들이 화장하는 대로 비슷하게 따라하는 경향이 있다는 것을 위 논문을 통해 확인할 수 있습니다. 화장하는 여학생 대부분이 자신만의 개성을 드러내는 방식이 아니라 자기가 다른 학생들과 다름없다는 것을 보여 주는 방식으로 인정욕망을 충족시키고 있다고 볼 수 있는 것입니다.

화장을 금지하거나 제한해야 한다고 생각하는 사람은 인정받기 위한 경쟁을 화장의 영역으로까지 확대시킬 필요가 없다고 말합니다.

토론문 작성하기

토론문 작성 요령

청중이 자신의 말을 알아들을지 의식하면서 작성해야 합니다. 자신만 이해할 수 있는 말을 하면 청중들은 의아해 하고 연사의 말에 집중하지 않게 됩니다.

   1. 도입부   청중들의 관심을 끌 만한 말을 하여 앞으로 전개할 주
                      장에 대해 관심을 갖게 합니다. 때로는 의도적으로 본
                      론을 꺼내는 경우도 있습니다.
   2. 본론   자신이 주장하는 바가 무엇인지 말하고 이유와 근거
                      를 구체적으로 제시합니다. 다른 주장의 문제점에 대

해 비판합니다. 비판할 때도 설득력 있는 근거가 필요합니다.

3. 결론 주장하는 바를 요약하여 제시합니다. 주장의 핵심이 무엇인지 청중들이 이해할 수 있도록 간결하게 말합니다.

2
토론문에 포함할 내용들

1. 현행 규정을 유지해야 한다고 생각하는 경우

■ 다른 학교 규정과 비교하여 우리 학교 규정이 더 나은 이유 제시(자료에 제시된 다른 학교 규정 외에 또 다른 학교의 규정을 비교해도 좋음)

■ 교사, 학생, 보호자 인식 조사 결과를 주장의 근거로 제시(3주체 인식의 공통점과 차이점을 분석하고 현행 규정 유지의 근거로 활용)

■ 규정을 개정하자는 사람들의 주장에는 어떤 것들이 있는지 제시하고 그 주장들이 적절하지 않은 이유와 근거를 제시(제공된 자료를 참고하고 제공된 자료 이외의 근거 자료도 찾아볼 것)

■ 규정을 어긴 학생에 대한 처벌 기준이 적절하다고 생각하는지 쓰고 그렇게 생각하는 이유와 근거를 제시(금지된 화장과 관련한 화장품을 소지하고 있을 경우에 어떤 조치를 취해야 할 필요성이 있는지 여부도 생각하여 제시할 것)

2. 현행 규정을 개정해야 한다고 생각하는 경우

■ 개정안을 제시하고 개정안이 더 적절한 이유와 근거를 제시

■ 다른 학교 규정이 우리 학교 규정보다 더 낫다고 생각한다면 그렇게 생각하는 이유와 근거 제시(자료에 제시된 다른 학교 규정 외에 또 다른 학교의 규정을 비교해도 좋음)

■ 교사, 학생, 보호자 인식 조사 결과를 주장의 근거로 제시(3주체 인식의 공통점과 차이점을 분석하고 현행 규정을 개정해야 하는 근거로 활용)

■ 규정을 유지하자는 주장이 적절하지 않은 이유와 근거를 제시(제공된 자료를 참고하고 제공된 자료 이외의 근거 자료도 찾아볼 것)

■ 규정을 개정할 경우 규정을 어긴 학생에 대한 현재의 처벌 기준도 바꿔야 한다고 생각하는지 쓰고 그렇게 생각하는 이유와 근거를 제시(금지된 화장과 관련한 화장품을 소지하고 있을 경우에 어떤 조치를 취해야 할 필요성이 있는지 여부도 생각하여 제시할 것)

3
발표자에게 반론하거나 질의하는 방법

■ 발표자의 주장 중 근거가 잘못되었거나 불충분한 것이 있는지 살핍니다.

■ 발표자가 중시하는 것과 내가 중시하는 것 중 무엇이 더 중요한 것인지 생각해 봅니다.

■ 발표자의 설명이 부족하여 이해하기 어려운 내용이 있는지 생각해 봅니다.

조별 토론하기

　각 조는 추첨을 통해 다음 네 가지 입장 중 하나를 고르게 됩니다. 각 조는 자기 조가 고른 입장을 정당화하기 위한 이유와 근거를 제시해야 합니다.

　각 조 구성원들은 역할을 적절히 나누어야 합니다. 조원이 네 명이라면 그 중 세 사람은 주장을 정당화 하기 위한 이유와 근거를 제시합니다. 나머지 한 사람은 규정을 어기는 데 대해 어떻게 책임을 지우는 것이 적절한지 방안을 제시합니다.

입장 1　　　현행 규정을 유지

입장 2　　　얼굴은 선크림, bb크림, cc크림 허용하되 그 외(파운데이션, 파우더, 볼터치 등)는 금지. 눈화장은 금지(아이라인, 아이새도우, 마스카라 등), 입술은 립밤, 틴트 허

	용하되 립스틱 금지.
입장 3	얼굴화장은 볼터치만 금지. 눈화장은 아이라인, 마스카라 허용하며 아이섀도우는 금지. 입술은 립밤, 틴트 허용하되 립스틱 금지.
입장 4	화장 전면 허용

토론자 1	우리 조의 주장, 주장의 이유에 대해 개략적으로 설명 주장의 첫 번째 이유와 근거 제시
토론자 2	주장의 두 번째 이유와 근거 제시
토론자 3	주장의 세 번째 이유와 근거 제시
토론자 4	우리 조가 제시한 방안을 어기는 학생에게 어떠한 책임을 부과하는 것이 적절한지 방안을 제시하고 이유와 근거 제시

다른 조의 입장에 대해 질문하고 반박할 내용을 준비합니다. 어떤 질문을 누가 할 것인지, 어떤 반박을 누가 할 것인지 역할을 정합니다.

토론이 끝나면 자신의 실제 생각을 씁니다. 자신이 생각하는 바람직한 방안과 이유, 근거를 쓰고 그 방안을 어기는 학생에 대해 어떻게 책임을 지우는 것이 바람직한지 씁니다.

학교에서의
욕 사용,
어떻게 할 것인가?

"야, 오늘 급식 존나 맛있겠다."

"그럼 너나 많이 쳐 먹어라, 씨발놈아!"

"뭐 이 새끼야! 지가 제일 많이 먹을 거면서."

다른 조 학생들의 질문에 답해주던 선생님은 욕설이 들리자 학생들에게 주의를 주었다.

"누가 욕을 하죠?"

그러자 욕을 섞어 대화를 나누던 지호와 영진이가 "죄송합니다."라고 대답했다. 이어서 영진이가 말했다.

"너 때문에 혼났잖아 개새끼야!"

영진이의 말을 들은 선생님은 단단히 화가 나서 말했다.

"영진아, 선생님이 지적한지 10초도 안 지났는데 또 욕하니?"

"근데요 선생님, 편한 친구라서 편하게 말한 건데 왜 안 되는지 모르겠어요. 싸우는 것도 아니고 그냥 양념 같은 건데요. 음식에 양념 안 들어가면 맛없잖아요. 욕은 그런 거거든요."

요즘 학교에서 욕은 일상이 되었습니다. 누구나 욕을 하고 욕을 들으며 생활합니다. 예전에는 일부 '문제아'들만 사용했던 욕이 이제는 누구나 자연스럽게 사용하는 것으로 여겨지면서 청소년들의 일상 문화로 자리 잡고 있습니다. 너도 나도 욕을 하니 욕하는 것이 큰 문제로 여겨지지 않고, 설사 문제가 있다고 생각해도 불편한 티를 냈다가는 속 좁고 예민한 사람으로 치부되기 십상이라 굳이 표현하지 않고 넘어갈 때도 많습니다. 누군가는 욕이 억눌린 감정을 배출하는 수단이자 친밀감을 표시하는 방법이라고 하고 무리에 끼거나 인정받기 위해서는 욕을 사용할 수밖에 없다고 말하기도 합니다.

한편에선 청소년들의 욕설 문화가 가져온 여러 가지 폐해와 문제점에 주목하며 해결방법을 찾아야 한다고 강조합니다.

어떻게 생각해야 하는 걸까요?

학교에서의 욕 사용 문제에 대해 다양한 접근법과 입장을 살펴보고 바람직한 방향에 대해 생각해 보도록 하겠습니다.

<영상 자료 시청: SBS '동상이몽, 괜찮아 괜찮아!' 중 일부 >

1   영상을 본 후 느낀 점을 간단하게 적어 보세요.

2   연주 학생은 어떤 이유로 욕을 한다고 말했나요? 연주 학생의 말에 동의하는지 이유와 함께 적어 보세요.

3   욕을 해서 얻는 것과 잃는 것이 있다면 무엇일지 생각해 봅시다.

우리 학교 규정 및 관련 법령

1
..
우리 학교 규정

항	행위 내용	해당되는 선도내용				
		학교 내의 봉사	사회 봉사	특별 교육 이수	출석 정지	퇴학
7	공공장소에서 욕설, 고성 및 분노 표현 등으로 타인에게 불쾌감을 주는 행위	●	●	●		

2
인근 학교 규정

제6조(책무) 3. 학생은 공동체 생활에서 공공의 안녕과 질서를 유지하며 타인을 배려할 책임을 갖고, 학생으로서의 기본 품행, 용의 복장, 학생 자치 활동 등에 대한 책무성을 갖는다.

3
헌법

제10조 모든 국민은 인간으로서의 존엄과 가치를 가지며, 행복을 추구할 권리를 가진다. 국가는 개인이 가지는 불가침의 기본적 인권을 확인하고 이를 보장할 의무를 진다.

4
형법

제311조(모욕) 공연히 사람을 모욕한 자는 1년 이하의 징역이나 금고 또는 200만원 이하의 벌금에 처한다.

5
경범죄 처벌법

제3조(경범죄의 종류) ① 다음 각 호의 어느 하나에 해당하는 사람은 10만 원 이하의 벌금, 구류 또는 과료(科料)의 형으로 처벌한다.

19. (불안감조성) 정당한 이유 없이 길을 막거나 시비를 걸거나 주위에 모여들거나 뒤따르거나 몹시 거칠게 겁을 주는 말이나 행동으로 다른 사람을 불안하게 하거나 귀찮고 불쾌하게 한 사람 또는 여러 사람이 이용하거나 다니는 도로 · 공원 등 공공장소에서 고의로 험악한 문신(文身)을 드러내어 다른 사람에게 혐오감을 준 사람

20. (음주소란 등) 공회당 · 극장 · 음식점 등 여러 사람이 모이거나 다니는 곳 또는 여러 사람이 타는 기차 · 자동차 · 배 등에서 몹시 거친 말이나 행동으로 주위를 시끄럽게 하거나 술에 취하여 이유 없이 다른 사람에게 주정한 사람

6
유엔 아동의 권리에 관한 협약

제13조 ① 아동은 표현에 대한 자유권을 가진다. 이 권리는 구두, 필기 또는 인쇄, 예술의 형태 또는 아동이 선택하는 기타의 매체를 통하여 모든 종류의 정보와 사상을 국경에 관계없이 추구하고 접수하며 전달하는 자유를 포함한다.

② 이 권리의 행사는 일정한 제한을 받을 수 있다. 다만 이 제한은 오직

법률에 의하여 규정되고 또한 다음 사항을 위하여 필요한 것이어야 한다.

가. 타인의 권리 또는 신망의 존중

나. 국가안보, 공공질서, 공중보건 또는 도덕의 보호

제16조 ① 어떠한 아동도 사생활, 가족, 가정 또는 통신에 대하여 자의적이거나 위법적인 간섭을 받지 아니하며 또한 명예나 신망에 대한 위법적인 공격을 받지 아니한다.

② 아동은 이러한 간섭 또는 비난으로부터 법률의 보호를 받을 권리를 갖는다.

7
서울특별시학생 인권 조례

제6조(폭력으로부터 자유로울 권리) ① 학생은 체벌, 따돌림, 집단괴롭힘, 성폭력 등 모든 물리적 및 언어적 폭력으로부터 자유로울 권리를 가진다.

② 학생은 특정 집단이나 사회적 소수자에 대한 편견에 기초한 정보를 의도적으로 누설하는 행위나 모욕, 괴롭힘으로부터 자유로울 권리를 가진다.

제16조(의사 표현의 자유) ① 학생은 다양한 수단을 통해 자유롭게 자신의 생각을 표현하고 그 의견을 존중받을 권리를 가진다.

② 학생은 서명이나 설문조사 등을 통해 학교 구성원의 의견을 모을 권리를 가진다.

③ 학생은 학교 안팎에서 집회를 열거나 참여할 권리를 가진다.

④ 학생은 학교 안팎에서 모임이나 단체활동 및 정치활동에 자유롭게 참여할 권리를 가진다.

⑤ 학교의 장 및 교직원은 학생이 표현의 자유를 행사하는 경우 부당하고 자의적인 간섭이나 제한을 하여서는 아니 된다.

교육 주체의 인식

욕 사용에 대한 인식조사 [학생용]

본 설문조사는 학생들의 욕 사용 실태 및 교사, 학생, 학부모의 인식을 파악해 보고 이와 관련한 대책을 마련하기 위한 것입니다. 조사 목적 이외에는 사용되지 않으니 솔직하게 답변해 주시면 고맙겠습니다.

* 욕(욕설) : 다른 사람을 인격을 무시하는 모욕적인 말 또는 남을 저주하는 말

1   학교에서 욕을 얼마나 자주 하나요?

① 습관적으로 한다.

② 욕하는 친구들이 옆에 있을 때 한다.

③ 기분이 나쁘거나 화날 때 한다.

④ 기분이 좋을 때 한다.

⑤ 거의 하지 않는다.

⑥ 전혀 하지 않는다.

2   **학교에서 욕하는 학생들이 욕하는 이유는 무엇이라고 생각하시나요?(복수 선택 가능)**

① 멋있어 보이려고

② 세 보이려고(약해 보이지 않으려고)

③ 감정을 강하게 드러내려고

④ 학업이나 교우관계에서 받는 스트레스를 해소하기 위해

⑤ 욕을 주고받아도 될 만큼 친한 사이임을 확인하기 위해

⑥ 기타 (   )

3   **다음 주장에 동의하나요?**

항	행위 내용	동의한다	동의하지 않는다
①	스트레스를 풀기 위해 학교 생활 중에 욕을 해도 된다.		
②	기분 나쁘거나 화가 나면 학교 생활 중에 욕을 해도 된다.		
③	친구끼리 친밀감을 표현하기 위해 학교 생활 중에 욕을 해도 된다.		
④	만만하게 보이거나 무시당하지 않기 위해 학교 생활 중에 욕을 해도 된다.		

4   **장난이었다고 하지만 친구에게 욕을 먹고 기분이 나빴던 적이 있나요?**

① 있다   ② 없다

5   **욕을 자주 하는 학생을 보면 어떤 생각이 드나요?**

① 표현 방법의 하나일 뿐이라고 생각한다.

② 멋있어 보인다.

③ 센 척한다는 느낌이 든다.

④ 남을 배려할 줄 모르는 사람이라는 생각이 든다.

⑤ 가깝게 지내고 싶지 않다.

⑥ 기타 (   )

6 학교에서 다른 학생이 욕하는 것을 들으면 어떤 감정을 느끼나요?

항	행위 내용	매우 그렇다	종종 그렇다	별로 그렇지 않다	거의 그렇지 않다
①	두렵거나 불안하다.				
②	불쾌하다.				
③	재미있다.				
④	화난다.				

7 학생들의 욕설 사용에 대해 학교에서 교육이나 지도를 해야 할 필요가 있다고 생각하나요?

① 그렇다.   ② 그렇지 않다.   ③ 잘 모르겠다.

8 (6번에서 ①을 선택한 학생만 답하세요) 욕설 사용을 줄이기 위한 효과적인 방법은 무엇이라고 생각하나요?

① 욕할 때마다 체크하여 일정 횟수 이상 되면 징계

② 과제물 부과

③ 방과 후에 일정 시간 동안 청소 등 봉사시키기

④ 욕할 때마다 체크하여 단계별로 지도(예를 들면 1회-주의 주기, 2회-청소, 3회 징계)

⑤ 기타 (   )

욕 사용에 대한 인식조사 [학부모용]

본 설문조사는 학생들의 욕 사용 실태 및 교사, 학생, 학부모의 인식을 파악해 보고 이와 관련한 대책을 마련하기 위한 것입니다. 조사 목적 이외에는 사용되지 않으니 솔직하게 답변해 주시면 고맙겠습니다.

(* 욕(욕설): 다른 사람을 인격을 무시하는 모욕적인 말 또는 남을 저주하는 말)

1 귀 댁의 자녀는 학교에서 욕을 얼마나 자주 한다고 생각하시나요?

① 습관적으로 할 것 같다.

② 욕하는 친구들이 옆에 있을 때 할 것 같다.

③ 기분이 나쁘거나 화날 때 할 것 같다.

④ 기분이 좋을 때 할 것 같다.

⑤ 거의 하지 않을 것 같다.

⑥ 전혀 하지 않을 것 같다.

2 학교에서 욕하는 학생들이 욕하는 이유는 무엇이라고 생각하시나요?(복수 선택 가능)

① 멋있어 보이려고

② 세 보이려고(약해 보이지 않으려고)

③ 감정을 강하게 드러내려고

④ 학업이나 교우관계에서 받는 스트레스를 해소하기 위해

⑤ 욕을 주고받아도 될 만큼 친한 사이임을 확인하기 위해

⑥ 기타 (   )

3 다음 주장에 동의하시나요?

항	행위 내용	동의한다	동의하지 않는다
①	스트레스를 풀기 위해 학교 생활 중에 욕을 해도 된다.		
②	기분 나쁘거나 화가 나면 학교 생활 중에 욕을 해도 된다.		
③	친구끼리 친밀감을 표현하기 위해 학교 생활 중에 욕을 해도 된다.		
④	만만하게 보이거나 무시당하지 않기 위해 학교 생활 중에 욕을 해도 된다.		

4 학생들의 욕설 사용에 대해 학교에서 교육이나 지도를 해야 할 필요가 있다고 생각하시나요?

　　① 그렇다.

　　② 그렇지 않다.

　　③ 잘 모르겠다.

5 (4번에서 ①을 선택한 보호자님만 답하세요) 욕설 사용을 줄이기 위한 효과적인 방법은 무엇이라고 생각하시나요?

　　① 욕할 때마다 체크하여 일정 횟수 이상 되면 징계

　　② 과제물 부과

　　③ 방과 후에 일정 시간 동안 청소 등 봉사시키기

　　④ 욕할 때마다 체크하여 단계별로 지도(예를 들면 1회-주의 주기, 2회-청소, 3회 징계)

　　⑤ 기타 (　　　　　　　　　　　　　　)

욕 사용에 대한 인식조사 [교사용]

본 설문조사는 학생들의 욕 사용 실태 및 교사, 학생, 학부모의 인식을 파악해 보고 이와 관련한 대책을 마련하기 위한 것입니다. 조사 목적 이외에는 사용되지 않으니 솔직하게 답변해 주시면 고맙겠습니다.

(* 욕(욕설): 다른 사람을 인격을 무시하는 모욕적인 말 또는 남을 저주하는 말)

1   학교에서 욕하는 학생들이 욕하는 이유는 무엇이라고 생각하시나요?(복수 선택 가능)

① 멋있어 보이려고

② 세 보이려고(약해 보이지 않으려고)

③ 감정을 강하게 드러내려고

④ 학업이나 교우관계에서 받는 스트레스를 해소하기 위해

⑤ 욕을 주고받아도 될 만큼 친한 사이임을 확인하기 위해

⑥ 기타 (   )

2   다음 주장에 동의하시나요?

항	행위 내용	동의한다	동의하지 않는다
①	스트레스를 풀기 위해 학교 생활 중에 욕을 해도 된다.		
②	기분 나쁘거나 화가 나면 학교 생활 중에 욕을 해도 된다.		
③	친구끼리 친밀감을 표현하기 위해 학교 생활 중에 욕을 해도 된다.		
④	만만하게 보이거나 무시당하지 않기 위해 학교 생활 중에 욕을 해도 된다.		

3 욕을 자주 하는 학생을 보면 어떤 생각이 드시나요?

① 표현 방법의 하나일 뿐이라고 생각한다.

② 멋있어 보인다.

③ 센 척한다는 느낌이 든다.

④ 남을 배려할 줄 모르는 학생이라는 생각이 든다.

⑤ 기타 (   )

4 학생들의 욕설 사용에 대해 학교에서 교육이나 지도를 해야 할 필요가 있다고 생각하시나요?

① 그렇다.

② 그렇지 않다.

③ 잘 모르겠다.

5 (4번에서 ①을 선택한 선생님만 답하세요) 욕설 사용을 줄이기 위한 효과적인 방법은 무엇이라고 생각하시나요?

① 욕할 때마다 체크하여 일정 횟수 이상 되면 징계

② 과제물 부과

③ 방과 후에 일정 시간 동안 청소 등 봉사시키기

④ 욕할 때마다 체크하여 단계별로 지도(예를 들면 1회-주의 주기, 2회-청소, 3회 징계)

⑤ 기타 (   )

욕에 대한 상반된 입장과 이유

1

욕, 나쁘기만 할까요?

욕설이 무조건 나쁘기만 한 것이 아니라 긍정적 효과나 기능도 있다는 생각을 가진 사람도 있습니다. 이들은 욕의 감정 표출이나 스트레스 해소 기능에 주목합니다. 화가 나거나 부정적 감정에 휩싸였을 때 욕을 함으로써 감정을 배출하고 그로 인한 스트레스를 해소할 수 있다는 것이죠. 실제로 욕을 하고 나면 속이 후련하고 화난 감정이 풀린다는 사람들도 많고 격하거나 억눌린 감정을 욕을 통해 가라앉히고 해소할 수 있다는 사람도 많습니다. 이렇게 일부에선 욕이 감정을 적절하게 발산하고 정화하여 심리적으로 위안을 주는 기능을 한다며 무조건 나쁘게만 볼 것은 아니라 말합니다.

또한 욕은 친밀감을 표현하는 수단이자 또래 관계에서 윤활유와 같은 역할을 한다는 의견도 있습니다. 특히 청소년들 사이에서 이런 의견이 많은데요, 실제 학교에서 친구들 사이에서 친근감을 표현하거나 확인하는 방법으로 욕을 사용한다는 친구들이 꽤 많습니다. 가까운 사이에서 욕을 사용함으로써 서로에 대한 서먹하고 어색한 감정을 없애고 '우린 이런 욕을 주고 받을 만큼 친한 사이야'라는 식의 마음을 서로 확인할 수 있다는 것입니다. 이들은 친구 사이에서 너무 바르고 고운 말만 쓰면 왠지 어색하고 거리감이 느껴지는 데 반해 서로 욕을 섞어 대화를 하면 더 가까워진 것 같은 생각이 들어 욕을 자주 쓰게 된다고 합니다.

비슷한 맥락에서 욕은 특정 그룹이나 집단의 결속력을 높이고 소속감을 확인하는 수단으로 사용되기도 합니다. 특히 청소년 집단에서 이런 경향이 두드러지게 나타나는데요, 이것이 지나치다 보면 친한 관계를 남들에게 과시하거나 특정 그룹이나 집단에 속하기 위해, 더 나아가 그룹에서 소외당하지 않게 의도적으로 욕을 사용하는 경우도 있습니다. 어쨌든 욕이 집단 구성원 사이에 소속감을 확인하고 친밀감을 높이는 기능을 한다는 점도 욕이 무조건 나쁜 것은 아니라는 생각을 뒷받침하는 근거로 사용됩니다.

욕을 부당한 권력에 대한 비판이자 저항 행위로 보는 시각도 존재합니다. 특히 권력을 가진 지배 계층에 대한 공식적 비판이나 문제 제기가 제도적으로 허용되지 않았던 과거에 약자들이 권력을 비판할 수 있는 통로가 바로 욕이었다고 합니다. 우리의 전통 문화 중 하나로 조선 후기에 유행했던 마당극이나 탈춤이 있습니다. 이 마당극이나 탈춤을 보면 광대들이 탈을 쓰고 나와 양반을 향해 거침없는 욕을 퍼붓거나 그들의 무능함을 비웃고 조롱하는 장면이 많습니다. 공연을 보러 함께 모인 사람들도 광대들이 양반들을 향해 퍼붓는 욕을 듣거나 함께 욕하기도 하면서 그동안 쌓였던 현실에 대한 분노를 풀어 놓기도 했지요.

이렇게 욕은 단순히 누군가를 비난하고 모욕하는 행위에 그치는 것이 아니라 지배층의 횡포를 비판하고 민중들의 억눌린 설움과 울분을 표출하는 등 일종의 저항 수단으로 사용되기도 합니다. 오늘날에도 대통령이나 정치인 등 권력집단이나 공인에 대한 비판의 목적으로 욕설이나 조롱과 같은 표현이 사람들 사이에서 사용되는 경우가 있습니다.

그런 방식이 옳으냐 그르냐는 더 생각해봐야겠지만 이런 예들을 통해 사회 현실에 대한 불만이나 문제의식을 표출하는 수단으로서 욕이 나름의 기능을 한다고 생각해 볼 수 있겠습니다.

2
욕, 언어폭력이자 권리침해 아닌가요?

욕을 하는 행위가 무조건 나쁘기만 한 것은 아니라는 다양한 시각과 의견이 존재하지만 반대로 욕이 지닌 문제점과 부정적 측면에 주목하는 사람들도 많습니다. 부정적 측면을 강조하는 사람들은 욕 자체가 지닌 속성에 먼저 주목합니다.

욕설에 사용되는 단어나 표현을 살펴보면 성이나 배설과 관련된 행위나 신체기관을 지칭하는 말, 장애인, 여성, 동물 등을 가리키는 말이 많은데 주로 사회에서 부정적으로 받아들여지거나 금기시되거나 폄훼되는 대상과 관련된 말이라는 공통점이 있습니다. 욕설은 이런 말들을 사용해 증오나 분노, 경멸 같은 부정적 감정을 드러내고 상대방을 공격하는 것입니다.

아무리 욕이 감정적 해방감이나 심리적 위안을 주며 인간관계에 있어 윤활유와 같은 역할을 한다 하더라도 그것을 듣는 누군가에겐 자존감을 무너뜨리고 수치심을 느끼게 하며 존엄성을 파괴하는 폭력이 되는 이유가 여기에 있습니다. 이렇게 욕은 언어를 통해 가하는 폭력입니다. 특히 요즘 '패드립'이나 '섹드립'처럼 부모님이나 여성, 장애인 등 특정 사회 구성원이나 집단에 대한 노골적인 비하나 혐오를 담은 표현이 유행처럼 사용되면서 욕이 지닌 폭력성과 공격성은 더욱 심해지고 있습니다.

많은 청소년들이 친구들에게 친밀감을 표현하기 위해 욕을 한다고 말하지만 욕이 이런 폭력성과 공격성을 숨기고 있기 때문에 듣는 사람이 그것을 친밀감의 표현으로 받아들이지 않을 가능성이 많다는 점도 생각해 봐야 할 문제로 지적됩니다. 누군가에게 장난삼아 욕을 했다 하더라도 들은 사람은 그것이 장난인지 모욕인지 혼동하게 됩니다. 따라서 아무렇지도 않게 웃고 마는 것이 아니라 그와 비슷하거나 더 센 강도의 욕을 상대방에게 하게 되고 그러다 보면 장난이 어느새 크고 작은 폭력으로까지 번지게 되는 것을 종종 목격합니다.

뿐만 아니라 친해서 하는 농담이라며 아무렇게나 뱉은 욕을 듣고 불편한 티를 냈다가는 예민하거나 까칠한 사람이라는 평가를 듣게 되는 경우도 많기 때문에 불쾌함을 느꼈더라도 이를 쉽게 표현하지 못할 때도 많습니다. 많은 청소년들 사이에서 욕이 친밀감의 표현으로 인식되지만 그 이면에는 욕을 통해 친구가 나를 함부로 대해도 문제 삼지 말고 그것을 견뎌야 하며, 그런 것이 진짜 친구라는 왜곡된 생각이 자리잡고 있는 건 아닐지 생각해 볼 필요가 있습니다.

욕이 또래 관계에서 우위를 차지하고 자신의 힘을 과시하기 위한 도구로 사용된다는 점에서 또 다른 문제점을 찾기도 합니다. 학교에서 아이들이 욕하는 것을 가만히 들여다보면 그 안에도 권력관계가 작동하고 있음을 알 수 있는데요. 친구들 앞에서 거침없이 욕을 하는 학생은 또래 집단 안에서 영향력이 강하거나 권력을 행사하는 학생인 경우가 많습니다. 반대로 영향력이 없거나 힘이 약한 학생이 친구들 앞에서 눈치 보지 않고 거리낌 없이 욕을 하는 경우는 드뭅니다. 이렇게 보면 마음 놓고 욕을 하는 학생은 자신이 그럴 만한 힘이 있다고 친구들 앞에서 과시하기 위해 욕을 의도적으로 이용한다고 볼 수도 있습니다. 장난 삼아 농담 삼아 욕을 한다고 말하지만 그 장난이나 농담을 센 사람만 할 수 있다면 그것이 정말 상호간의 벽을 허무는 친밀한 행위로서의 장난이나 농담이 될 수 있을지 의문인 것이죠.

욕 잘하는 아이가 소위 '잘 나가는' 아이로 인정받는 분위기에서 무리에 끼거나 인정받기 위해서 심지어 친구들에게 만만하게 보이거나 무시당하지 않기 위해서, 또는 세 보이고 싶어서 의도적으로 욕을 사용하는 아이들도 늘어납니다. 살아남기 위해 욕은 선택이 아닌 필수가 된 것이죠. 이렇게 욕설이 또래 관계에서 자기 권력의 확인 수단이자 센 척의 도구로 사용되고 많은 아이들이 이에 동조하고 가담하면서 어느새 욕설은 청소년들의 언어생활을 지배하게 되었습니다.

욕설의 문제점에 주목하는 사람들은 욕이 누군가의 존중받을 권리를 침해하는 행위임을 강조합니다. 사람은 누구나 인격적으로 대우받고 존중받을 권리를 가지고 있습니다. 누군가 욕을 통해 자신을 깎아내리거나 비하하며 증오나 경멸의 감정을 보일 때 불쾌한 마음이 들지 않거나 수치심을 느끼지 않는 사람은 없을 것입니다. 욕설은 상대방의 인격을 무시하고 모욕함으로써 인간으로서 존엄과 가치를 추구할 권리나 인격적 품위를 훼손당하지 않을 권리를 침해하는 것이라 할 수 있습니다.

이뿐만이 아닙니다. 누군가가 욕을 할 때 주변에서 자기 의사와는 상관없이 그것을 들어야만 하는 친구들이나 교사 등 제 3자의 입장에서도 생각해 보아야 합니다. 친구와 농담 삼아 혹은 장난으로 욕을 주고받았다 할지라도 누군가는 그것을 듣고 눈살을 찌푸리거나 불쾌감을 느낀다면 그들에게도 욕은 무차별적 폭력이자 존중받을 권리를 침해하는 것이 됩니다. 여러 사람이 다니거나 모이는 곳에서 거친 말로 다른 사람을 불쾌하게 하거나 시끄럽게 하는 행위는 경범죄 처벌법에 의해 처벌될 수 있는데 이 같은 법이 만들어진 이유는 그 행위가 여러 사람들에게 피해를 주고 사람들의 권리를 침해하기 때문입니다.

하고 싶은 대로 행동하고 말해도 크게 문제가 되지 않는 사적인 공간과는 달리 학교는 교육을 매개로 여러 사람들이 함께 생활하는 공적인 공간입니다. 공동체의 책임감 있는 구성원으로서 함께 어울려 살아가는 방법을 배우는 곳이기도 하지요. 지금처럼 욕을 사용하지 않고는 제대로 된 소통이나 교류를 할 수 없을 정도로 학교에 욕이 난무한다면 학교는 과연 공적 공간으로서의 기능을 제대로 수행할 수가 있을까요?

욕이 아무리 감정을 발산하고 정화하는 기능을 하거나 친근감을 표현하고 소속감을 확인하는 등 긍정적 측면이 있다고 하더라도 욕설 사용에 대해 신중하게 생각하고 깊이 있게 고민해 봐야 하는 이유가 여기에 있다 하겠습니다.

토론문 작성하기

1
토론문 작성 요령

청중이 자신의 말을 알아들을지 의식하면서 작성해야 합니다. 자신만 이해할 수 있는 말을 하면 청중들은 의아해 하고 연사의 말에 집중하지 않게 됩니다.

1. 도입부	청중들의 관심을 끌 만한 말을 하여 앞으로 전개할 주장에 대해 관심을 갖게 합니다. 때로는 의도적으로 본론을 꺼내는 경우도 있습니다.
2. 본론	자신이 주장하는 바가 무엇인지 말하고 이유와 근거를 구체적으로 제시합니다. 다른 주장의 문제점에 대

해 비판합니다. 비판할 때도 설득력 있는 근거가 필요합니다.

3. 결론 주장하는 바를 요약하여 제시합니다. 주장의 핵심이 무엇인지 청중들이 이해할 수 있도록 간결하게 말합니다.

2
토론문 작성 시 유의할 점

■ 친구들끼리 욕을 하는 것은 친밀감의 표현이므로 괜찮다는 생각에 대한 견해를 포함해야 함.

■ 특정 대상을 향해 욕한 것이 아니라면 화나거나 스트레스 받을 때 혼잣말로 욕하는 것은 감정의 자연스러운 표현이므로 괜찮다는 생각에 대한 견해를 포함해야 함.

■ 수업 중이나 선생님과 대화 중에 욕을 사용하더라도 친구들이나 선생님께 직접 욕을 한 것이 아니라면 괜찮다는 생각에 대한 견해를 포함해야 함.

■ 욕과 관련한 우리 학교 현재 규정이 적절하다고 생각하는지 쓰기

■ 교사, 학생, 학부모 인식 조사 결과를 주장의 근거로 활용할 것

■ 관련법령, 학생 인권 조례를 주장의 근거로 활용할 것

■ 규정을 어긴 학생에 대한 처벌 기준이 적절하다고 생각하는지 쓰고 그렇게 생각하는 이유와 근거를 제시할 것.

■ 규정을 개정해야 한다면 어떻게 개정해야 하는지 쓰고 그렇게 생각

하는 이유와 근거도 제시할 것.

3
발표자에게 반론하거나 질의하는 방법

■ 발표자의 주장 중 근거가 잘못되었거나 불충분한 것이 있는지 살핍니다.
■ 발표자가 중시하는 것과 내가 중시하는 것 중 무엇이 더 중요한 것인지 생각해 봅니다.
■ 발표자의 설명이 부족하여 이해하기 어려운 내용이 있는지 생각해 봅니다.

조별 토론하기

각 조는 추첨을 통해 다음 네 가지 입장 중 하나를 고르게 됩니다. 각 조는 자기 조가 고른 입장을 정당화하기 위한 이유와 근거를 제시해야 합니다.

각 조 구성원들은 역할을 적절히 나누어야 합니다. 조원이 네 명이라면 그 중 세 사람은 주장을 정당화하기 위한 이유와 근거를 제시합니다. 나머지 한 사람은 규정을 어기는 데 대해 어떻게 책임을 지우는 것이 적절한지 방안을 제시합니다.

입장 1	학교 생활 중 욕설 금지(등교하는 순간부터 하교하는 순간까지 욕하면 안 됨)
입장 2	교육활동 중 욕설 금지(쉬는 시간, 점심시간 등에도 권장하지는 않으나 했다고 해서 처벌을 받지는 않음.)

입장 3	특정 대상을 향한 욕설 금지, 교사를 향한 것이 아니더라도 교사와 대화 중 욕설 금지(교사를 포함하여 누군가를 향해 욕하는 것을 금지하며 교사와 대화 중에는 교사를 향해 욕하는 것이 아니더라도 욕할 수 없음)
입장 4	교사를 향한 욕설 및 교사와 대화 중 욕설 금지(이 외의 욕설도 가급적 하지 않도록 권장하지만 했다고 해서 처벌을 받지는 않음.)

토론자 1	우리 조의 주장, 주장의 이유에 대해 개략적으로 설명 주장의 첫 번째 이유와 근거 제시
토론자 2	주장의 두 번째 이유와 근거 제시
토론자 3	주장의 세 번째 이유와 근거 제시
토론자 4	우리 조가 제시한 방안을 어기는 학생에게 어떠한 책임을 부과하는 것이 적절한지 방안을 제시하고 이유와 근거 제시

다른 조의 입장에 대해 질문하고 반박할 내용을 준비합니다. 어떤 질문을 누가 할 것인지, 어떤 반박을 누가 할 것인지 역할을 정합니다.

토론이 끝나면 자신의 실제 생각을 씁니다. 자신이 생각하는 바람직한 방안과 이유, 근거를 쓰고 그 방안을 어기는 학생에 대해 어떻게 책임을 지우는 것이 바람직한지 씁니다.

선도위원회 운영의 문제점과 바람직한 운영 방안

3

선도규정과
선도위원회

선도위원회 운영의 문제점과 바람직한 운영 방안

　학생선도위원회는 초중등 교육법 제18조 및 초중등 교육법 시행령 제9조 및 제31조에 의거하여 학교의 장이 교육상 필요하다고 인정할 때 학생에 대하여 학교내의 봉사, 사회봉사, 특별교육이수, 출석정지(1회 10일 이내, 연간 30일 이내), 퇴학처분 중 어느 하나에 해당하는 징계를 내릴 수 있는 기구이다. 학교에서 징계를 하는 이유는 무엇일까? 직접적으로는 학교 생활 규정을 위반한 학생에게 합당한 책임을 지워 그런 행동을 반복하지 않게 하기 위한 것인데 간접적으로는 규정을 위반하지 않은 학생들에게 주의를 주기 위한 것이기도 하다. 이 같은 목표는 대체로 달성되고 있을까? 대부분의 교사들이 "그렇다."라고 자신 있게 답하기 어려울 것이다. 무엇이 문제일까? 누군가는 처벌이 너무 약해서 그렇다고 답한다. 교사의 정당한 지시에 따르지 않았을 뿐만 아니라 교사를 조롱하는 언행을 한 학생에게 '학교 내의 봉사 3일' 처분을 내린다면 많은 교사들이 너무 가벼운 처벌이라고 생각할 것이다. 그러면 이 학생에게 출석정지 10일 처분을 한다면 어떨까? 안 그래도 학교 나오기 싫어하던 학생에게 출석정지 처분은 벌이라기보다는 상에 가깝다. 부모님이 학교에 가라고 하니 억지로 다녔는데 학교에서 일정 기간 나오지 말라고 하니 공식적으로 부여받은 휴가인 셈이다. 출석정지는 고등학교에서는 퇴학을 제외한 가장 강력한 처벌이고 초·중등학교에서는 가장 강력한 처벌이지만 학생들은 별로 두려워하지 않는다. 그러면 퇴학과 출석정지 사이에 뭔가 다른 징계 수위를 마련해야 할까? 출석정지를 1회에 20일까지 부과하고 연간 70일까지 부과할 수 있다면 징계를 통해 진급을 못하게 하는 것도 가능하긴 하다. 연간 출석일수 중 1/3 이상 결석하면 진급이 안 되는데 70일이면 어느 학교에서든 1/3 이상이기 때문이다. 이런 정도 방법 외에 뭐가 더 있을지 상상하기 쉽지 않다. 처벌을 강화하면 약간의 효과는 거둘 수 있겠지만 학생들이 별로 두려워하지 않을 테니 충분한 효과를 기대하기는 어렵다.

어떤 사람은 처벌 위주의 접근 방식이 문제라고 지적한다. 이렇게 말하는 사람에게 "그럼 어떻게 하면 좋을까요?"라고 물어보면 뚜렷한 답을 내놓지 못하거나 사랑, 관심 등 추상적인 답을 한다. 어른들이 문제라면서 어른들의 각성을 촉구하는 사람도 있는데 일리가 있는 말이긴 하지만 세상 어른들이 모두 각성하기 전에는 해결할 수 없다는 말로 들리니 참으로 공허하다. 처벌 수위가 약하다는 지적도, 처벌 위주의 접근이 문제라는 지적도 설득력이 전혀 없지는 않지만 처벌을 강화하거나 처벌을 줄인다고 해서 상황이 개선되지는 않을 것이다.

속 시원한 해결방안이 없다고 해서 손 놓고 있을 수는 없다. 학교는 학교대로, 교사는 교사대로 방법을 찾아서 실천해야 한다. 3부에서는 선도위원회 운영의 문제점이 무엇인지 짚고 바람직한 운영 방안에 대해 제시하고자 한다.

학생선도위원회는 학생을 징계하는 기구이다. 징계의 목표는 무엇일까? 다음과 같이 몇 가지로 정리해 볼 수 있다.

① 징계 대상 학생으로하여금 자신의 행동이 부적절한 행동(교칙 위반 행동)이었음을 깨닫고 반성하게 한다.

② 징계 대상 학생이 부적절한 행동을 반복하지 않게 한다.

③ 징계 대상 학생의 행위가 부적절한 행위임을 다른 학생들이 인지하고 따라 하지 않게 한다.

④ 교칙이 어떤 권리를 보장하기 위한 것이며 교칙 위반 행위가 누구의 어떤 권리를 침해하는지 징계 대상 학생과 다른 학생들에게 알려준다.

⑤ 교칙이 어떤 의무를 이행하게 하려는 것인지 징계 대상 학생과 다른 학생들에게 알려준다.

경기도 교육청에서 배포한 [2019 학교 생활 인권규정 운영안내] 자료를 보면 "학생의 징계는 대상 학생의 교육환경에 대한 적응과 심리적 회복, 복귀를 목표로 하여야 하며"라고 밝히고 있다. 여기에는 위 다섯 가지 목표 중 ①, ②만 담겨 있다. 그나마도 '적응', '복귀'라는 말을 사용함으로써 적절과 부적절, 옳음과 그름의 차원으로 보기보다는 적응과 부적응이라는 심리적 차원으로 접근하고 있다. 징계는 징계 대상 학생이 잘못을 인정하고 반성하며 피해자가 있을 경우 사과하고 행동 개선의 의지를 가질 수 있도록 해야 한다. 이것이 징계의 1차적 목표이다. 여기에서 더 나아가 징계는 다른 학생들에게 미칠 수 있는 부정적 영향을 차단하고 집단적 성찰을 통해 학생들로 하여금 바람직한 가치관을 형성할 수 있도록 해야 한다.

징계는 대체로 조사-심의-결과 통보-징계의 단계로 진행된다. 다음은 각 단계별로 나타나기 쉬운 문제점을 짚고 바람직한 방안을 제시한 것이다.

1
조사단계

학생이 선도위원회에 회부되면 담당 교사는 해당 학생과 주변 학생 등을 대상으로 사안을 조사한다. 조사 단계에서 발생하는 첫 번째 문제점은 사실을 확인하는 수준에 머물 때가 많다는 점이다. 물론 사실을 확인하는 것 자체도 어려울 때가 많다. 예를 들면 학생이 담배와 라이터를 갖고 있으며 냄새도 나지만 담배를 피우지 않았다고 끝까지 발뺌하는 경우 사실 확인이 어렵다. 도난 사건의 경우에도 사실 확인이 쉽지 않다.

선도 대상 학생들은 대개 자신의 행위가 규정 위반 행위라는 것을 알긴 하지만 학교에서 그 행위를 금지하는 것이 부당하거나 징계까지 할 문제는 아니라고 생각한다. 즉, 그런 행위를 해도 된다고 생각하거나 훈계를 듣는 정도면 충분하다고 생각한다. 수업 중에 문자메시지를 주고받아도 된다고 생각하고 졸리거나 지루하면 자도 된다고 생각한다. 그러므로 사실 관계를 파악하는 것만으로는 학생의 반성적 자기성찰을 기대하기 어렵다. 조사과정이 교육적이려면 학생의 행위가 왜 부적절한지 알려주고 학생 스스로 납득할 수 있도록 해야 한다. 그러나 교육청이 제공한 사실 확인 위주의 사안 조사 양식을 활용해서는 이러한 목표를 달성하기가 어렵다.

자기변론서 [학생용]

조사 단계에서 교사는 교육청에서 배포한 각종 양식을 주로 사용하게 되는데, 이 양식은 사건의 정황 파악에만 집중하도록 구성되어 있다. 경기도 교육청에서 배포한 [2019 학교 생활 인권규정 안내] 자료에는 다음 양식이 제시되어 있다.

※ 학생은 불리한 진술을 거부할 수 있으나, 선도 절차에 있어 일부 불이익하게 작용할 수도 있음을 알립니다.

1	성명		학년/반	/	성별	남 / 여
2	사안 확인	누가	(관련 학생 모두)			
		사안 기간	① 처음 있는 일 20 년 월 일 시경 ② 개월 간 번 정도			
		어디서	① 교실 ② 화장실 ③ 복도 ④ 기타 : 학교 안( ) 학교 밖( )			
		무엇을/ 어떻게	(상화, 기간 등 기록)			
		왜				
3	목격한 학생 (모두)		① 같은 반 친구( ) ② 다른 반 친구( ) ③ 기 타( )			
4	당시 상황을 자세하게 기술					
5	작성일			작성학생	(서명)	

사실 확인 수준에만 머무는 문제를 개선하기 위해서는 학생선도위원회에 회부된 사안이 학생 생활 규정의 어떤 조항을 어긴 것인지, 그러한 행위를 금지하는 이유가 무엇인지, 그 행위가 학교 공동체와 다른 학생들에게 어떤 영향을 줄 수 있는지 알려주고 앞으로 똑같은 잘못을 되풀이하지 않기 위한 구체적인 행동계획을 수립하도록 지도해야 한다. 아래는 교사가 학생의 부적절한 행위를 인지했을 때 또는 선도 담당교사가 부적절한 행위를 한 학생을 처음 만났을 때 작성하게 할 수 있는 양식이다.

사실 확인 및 자기성찰을 위한 학생 서술 양식

1 인적사항

학번	/	이름

2 무슨 일이 있었나요?(최대한 구체적으로 적어 주세요.)

※ 거짓 내용을 쓸 경우 더 무거운 책임을 지게 될 수 있으니 진실하게 작성하기 바랍니다.

- 누가 :

- 언제 :

- 어디서 :

3 학교 생활 인권규정을 보고 학생의 행동이 어떤 규정과 관련되어 있는지, 그 규정을 위반했다고 생각하는지 쓰세요.

4 있었던 일에 대해서 학생이 하고 싶은 말은 무엇인가요?

5 앞으로 어떻게 행동할 것인지 다짐하고 싶은 것이 있다면 적어 주세요.

선도 담당 교사는 학생이 작성한 내용을 읽고 사안을 구체적으로 확인한다. 학생과 대화를 나눌 때는 다그치거나 윽박지르지 말아야 하며 학생이 하고 싶어 하는 말도 충분히 들어주어야 한다. 그래야 학생이 억울하다고 생각하지 않는다. 학생의 말이 너무 비상식적이거나 학생의 태도가 불손하다고 하여 화를 내면 학생은 담당교사에게 대들며 교권 침해를 하거나 선도 처분 받는 것이 억울하다고 생각할 수 있다. 때로는 학생의 학부모가 항의를 하여 사안 자체에 집중하지 못하고 엉뚱하게 조사 과정의 적절성 논란에 휘말리기도 한다. 힘들더라도 담당 교사는 인내심을 발휘할 필요가 있다. '학교가 내 말을 충분히 들어주는구나.' 라고 생각해야 학생은 마음을 열고 자신의 행동을 돌아볼 수 있는 태도를 갖게 된다.

양식 2번에 적는 내용은 교육청이 제시한 양식의 2번에 적는 내용과 다르지 않다. 학생은 자신의 행위에 대해 육하원칙에 따라 적는 것을 어려워하는 경우가 많다. 그러므로 교사는 학생이 적은 내용 중에서 충분히 설명되지 않은 것이 무엇인지 찾아내어 물어야 한다. 여러 가지 일중에 무엇이 먼저 일어난 일이고 무엇이 나중에 일어난 일인지, 발생한 일들 간에 인과 관계가 어떻게 되는지, 학생의 행동 뒤에는 어떤 의도와 욕망이 숨어 있는지 등을 확인해야 한다.

다음으로는 3번에 적은 내용과 관련해 대화를 나눈다. 학생에 게 왜 그 조항을 적었는지 묻고 학생이 적절한 조항을 적었는지 확인한다. 학생이 3번 칸을 채우지 못했다면 교사가 찾아서 알려준다. 학생의 행동을 학교 생활 인권규정이 금지하는 이유가 무엇인지 묻고 학생이 잘 모르는 경우 교사가 설명해준다.

학생들은 4번에 잘못을 인정하고 반성한다는 내용을 적기도 하고 억울하다고 생각하는 점을 적기도 한다. 그런 행동을 왜 했는지 해명하는 내용을 적는 경우도 있다. 교사는 학생이 적은 내용을 읽고 적절히 반응해주면 된다. 4번과 관련한 대화를 충분히 하고 나면 학생은 조사 과정에 대한 불만을 갖지 않게 되고 설사 갖게 되더라도 학교가 학생에게 충분히 자기 변론의 기회를 주었음을 증명할 수 있다.

5번은 학생이 자기 잘못을 인정하고 반성할 경우 같은 잘못을 반복하지 않겠다는 의지, 변화의 의지를 표현하도록 하는 항목이다. 교사는 학생의 의지를 격려해 주고 변화의 의지를 추상적으로 표현했다면 좀 더 구체적인 계획을 세우도록 지도해 준다.

학생에게 위 양식을 작성하게 한 뒤 대화를 나눌 때 아래의 질문 목록들을 활용하면 학생의 반성적 성찰을 유도하는데 도움이 된다. 아래의 질문 목록은 학생선도위원회 조사 단계 뿐 아니라, 평소 학생들의 부적절한 행동을 지도할 때도 사용할 수 있다.

<조사 단계에서 사용할 수 있는 질문 목록 예시>
① 왜 그런 행동을 했나요?
② 그 행동을 통해 무엇을 얻었고 무엇을 잃었나요?
③ 학교에서는 그 행동을 왜 금지하고 있을까요?
④ 이유가 있다면 그런 행동을 해도 된다고 생각하나요?
⑤ 비슷한 이유를 가진 학생이 모두 그렇게 행동하나요?
⑥ 그 행위를 금지하는 학교 규정이 옳지 않다고 생각한다면 그 이유는 무엇인가요?
⑦ 자신의 잘못된 행동이 학교 공동체 구성원인 친구들과 선생님에게 미치는 영향은 무엇이라고 생각하나요?

⑧ 잘못을 인정한다면 어떻게 책임져야 할까요?

⑨ 잘못을 되풀이 하지 않으려면 어떻게 해야 할까요?

⑩ (피해자가 있고 다수가 그 사실을 알고 있는 사안인 경우 또는 다른 학생에게 부정적 영향을 미칠 우려가 있는 사안인 경우) 공개적으로 사과(또는 반성)하는 것이 좋습니다. 그럴 의향이 있나요?(공개사과 또는 공개 반성은 현행법상 강제할 수 없으나 교육적 효과가 크다. 학생 본인에게도, 주변 학생에게도 긍정적 영향을 미친다.)

조사 단계에서 발생하는 두 번째 문제점은 학생의 학습권 보장을 이유로 연속성 있게 조사하지 못하는 경우가 빈번하다는 것이다. 수업 시간에 생활 지도 관련 상담이나 조사 활동을 실시하는 것이 학생의 학습권을 침해하게 된다는 것이다. 여전히 많은 학교에서 교사들이 공강시간을 활용하여 학생과 상담하거나 조사하고 있긴 하지만 이에 대해 민원을 제기하는 학부모들이 있고, 심지어 어떤 학부모는 이를 문제 삼아 학생선도위원회의 심의 결과 자체를 무효화 하려는 경우도 있다. 이에 상당수의 학교 관리자들이 일과 중, 특히 수업 시간 중 사안 조사를 하지 말 것을 요구하고 있다. 교육청의 태도도 다르지 않다. 경기도 교육청의[2019 학교 생활 인권 규정 운영 안내]의 35쪽에 나오는 다음 내용을 살펴보자.

바) 수업 이외의 시간을 활용하여 조사를 실시한다.

사) 수업 시간에 조사를 실시하여야 할 긴급한 사유와 수업 시간 조사 이외에 다른 방법으로는 사실 확인을 할 수 없는 사정이 존재하고, 수업 시간 조사 실시에 대한 학교장의 결재 및 보충수업 실시가 이루어질 경우

예외적으로 수업 중 조사를 실시할 수 있다.

　이는 대부분의 교육청에서 취하고 있는 기본 입장으로 바)항에서는 수업 시간 이외의 시간을 활용하여 조사할 것을 명시적으로 밝히고 있다.

　이러한 지침으로 인해 담당교사는 공강시간에 학생을 불러 조사하는 것을 부담스러워한다.

　하지만 쉬는 시간이나 점심시간만으로는 사안 조사가 어렵다. 방과 후에 학생을 남겨 조사하는 경우도 있지만 학생이 학원에 가야 한다고 말하면 교사는 남겨서 조사하는 데 대해 부담을 느낀다. 사)항에서는 수업 시간에 조사를 해야 할 긴급한 사유와 사정이 존재할 경우, 학교장의 결재를 얻어 조사하고 추후에 보충수업을 실시하라는 내용을 확인할 수 있다. 이 지침에는 사안 조사는 교육이 아니라는 전제가 깔려있다. 사안 조사가 교육의 일환이라면 굳이 보충수업을 실시할 필요가 없기 때문이다. 이는 학교장 허가 현장체험학습에 대한 처리를 어떻게 하는지 보면 알 수 있다. 현장체험학습에 대해서는 출석을 인정한다. 체험학습 기간 중 발생하는 다양한 경험의 교육적 효과를 수업의 교육적 효과와 동일한 것으로 보기 때문이다. 그래서 학교는 현장체험학습 기간 동안 학생이 받지 못한 수업에 대해 따로 보충수업을 실시하지 않는다. 초중등 교육법 제18조 1항은 징계나 지도를 '교육상 필요한 경우'에 할 수 있다고 함으로써 징계 역시 교육임을 분명히 하고 있다. 사안 조사를 통해 학생이 잘못한 것이 있다면 잘못에 대해 인정하게 하고, 그것이 왜 잘못인지 납득하도록 하고, 잘못에 대해 책임지려는 마음을 갖게 하고, 앞으로는 그러한 행동을 하지 않도록 다짐하게 하는 것은 지식과 기능을 익히는 것 이상으로 중요한 교육이다. 수업 시간에 조사 시 학교장의 결재를 받고 추후에 보충 수업을 하라는 경기도 교육청 지침은 학생선도위원회의 교육적 목적과 효과를 무시하는 처사이다.

수업 시간 등을 활용하여 연속성 있게 사안을 조사할 수 있는 권한이 보장되지 않는다면 사안을 심도 있게 조사하는 것은 어려우며, 교육적인 방식으로 사안조사가 이루어지지 않는다면 사안을 유발한 학생은 잘못을 반성하기보다는 학교를 원망하게 되고, 그 피해는 고스란히 자기성찰 및 행동수정의 기회를 놓치게 된 학생 본인과 그 학생으로 인해 고통 받은 다른 피해 학생들이나 교사에게 돌아가게 된다.

수업 시간 중 학생을 지도하는 것의 학습권 침해 여부에 대해 교육당국은 어떤 입장을 가지고 있을까? 경기도 교육청에 문의해 보았다. 학습권에 관하여 교육청은 "학생을 위해 보장되어야 하는 학습권의 범위에 관하여서는 교과 수업 및 그와 연계된 교육활동까지 포함된다고 판단됩니다. 학생의 학습권은 최대한 보장되어야 하는 것이지만, 학교 폭력이나 생활교육을 위한 상담, 조사 등 교육 목적상 불가피한 상황이 있다면 학교 생활 인권규정에 정한 바에 따라 학습권 역시 최소한의 범위 내에서 제한할 수 있다고 판단됩니다."라고 답변하였다. 교육청은 학습권이 불가피하게 제한될 수 있음을 인정하면서도 여전히 조사를 교육으로는 보지 않는다고 할 수 있다.

학습권의 범위에 대한 사회적 합의가 필요하며 합의된 내용을 법령과 학교 생활 규정에 반영해야 한다. 교과 수업을 받을 권리를 의미하는 협의의 학습권이 아니라 교육 목적 실현을 위해 학교에서 실시하는 모든 교육을 학습으로 보는 광의의 학습권을 인정할 때 수업 시간 중 조사 및 상담 활동이 교육의 일환으로 중요하게 자리매김할 수 있을 것이다.

2
심의 단계

 학생선도위원회가 개최되면 학생선도위원회 담당 교사가 사안에 대해 간략히 설명한 후 사건 및 학생에 대해 구체적으로 파악하기 위해서 위원들과 담당 교사, 담임 교사 사이에서 질의와 응답이 이어진다. 그 후 학생과 보호자가 입장하고, 담당 교사가 간략하게 사안을 다시 한 번 정리하고 학생의 인정여부를 확인하게 된다. 그리고나면 학생 및 보호자는 자신의 의견을 진술하고, 위원들의 질의에 답변하는데 이 과정을 짚어볼 필요가 있다. 학생에게 의견을 진술하라고 하면, 대부분의 학생들이 그저 상황을 모면하기 위해 '잘못했다', '다시는 그러지 않겠다'는 뻔한 말을 할 뿐 진정한 자기 성찰과 반성이 담긴 말을 하진 않는다. 이에 대해 요즘 아이들은 반성할 줄 모른다며 학생에게만 비난의 화살을 돌릴 수 있을까? 여러 위원들의 시선이 자기에게 쏠리는 분위기에서 학생은 실제로 깨달은 점을 말하기보다는 위원들이 바라는 바에 맞춰 답한다. 학생이 진정으로 자기 성찰을 할 수 있도록 돕기 위해서는, 위원들이 적절한 질문을 할 필요가 있다. 이미 조사 단계에서 진술이 끝난 내용을 되풀이하여 묻는 것은 학생에게 교육적 성찰의 기회를 제공한다고 보기 어렵다. 예를 들어, 흡연으로 인해 학생선도위원회에 회부된 학생에게 이미 학생 진술서나 사안 조사 보고서에 나와 있는 흡연을 한 이유, 흡연 장소 등에 대해 묻는 것은 교육적 효과가 미미하다. 문제는 위원들이 사전에 사안에 대해 충분히 이해하고 학생에게 무엇을 질문할 것인지 숙고할 시간이 부족하다는 점이다. 위원들도 각자 자기 업무에 바쁜 사람들이다 보니 사전에 사안에 대해 숙지하고 분석할 시간이 없다. 이런 어려움을 극복하기 위한 한 가지 방법은 담당교사가 적절한 질문 목록을 위원들에게 제공하는 것이다. 담당교사는 학생과 보호자 입장 전에 위원들에게 사안을 설명할 때, 조사 전후의 학생 태도 변화 여부, 좀 더 확인할 필요가 있으나 여러 가지 이유로 확인하지 못했던 점을 알려주고 적절한 질문 목록을 제시한다. 학생과 학부모를 입장시키기 전에 담임 교사에게 의견을 청취하는 경우도 있는데 담임 교사로부터 얻은 정보가 질문을 만드는데 도움이 되기도 한다. 학생선도위원회 위원에 대한 학기 초 연수를 할 수 있다면 더 좋을 것이다. 학생선도위원회의 절차, 사안을 교육적 시선으로 바라보는 방법 및 질문 방법 등에 관한 연수가 필요하다. 교육청 및 교육부에서 제공하는 매뉴얼을 보면 주로 절차와 서식, 주의사항을 안내하는데 이는 민원이 발생하지 않도록 주의하라는 메시지나 다름없다. 교육부와 교육청은 양질의 매뉴얼을 제작하고 선도위원 연수에 활용할 수 있는 영상자료를 제작하여 보급할 필요가 있다.

다음은 심의 단계에서 학생선도위원들이 학생에게 할 수 있는 예시 질문들이다.

① 그 행동을 했을 때의 마음과 현재의 마음에 변화가 있나요? 변화가 있다면 어떤 변화인가요?

② 비슷한 일이 또 벌어진다면 잘못을 했을 때와 똑같은 감정을 갖게 되지 않을까요? 같은 잘못을 반복하지 않기 위해서는 그 순간 어떻게 해야 할까요?

③ 혹시 다른 학생도 같은 잘못을 했지만 본인만 걸려서 억울하거나 재수가 없었다는 생각을 하지는 않나요?

④ 그 행동을 통해 얻은 것보다 잃은 것이 더 소중한 것이 아니었을까요?

⑤ 잘못은 인정하지만 피해자(또는 사안으로 인해 부정적인 영향을 받은 사람)에게 사과하는 것은 부담스럽다고 했지요? 부담 느끼는 것은 충분히 이해합니다. 하지만 그러한 부담을 극복하고 사과하는 것이 반성하는 태도가 아닐까요? 사과하려면 수치심을 견뎌야 하고 그러려면 용기가 필요합니다. 용기를 내줄 수는 없을까요?

⑥ 학생은 자신의 행동이 잘못이라는 점을 인정한다고 했습니다. 본 위원회는 학생의 잘못에 합당한 책임이 무엇인지 논의할 것입니다. 간혹 교실에 돌아가면 반 친구들에게 처벌 받은 게 별 게 아니라고 말하거나 출석정지 처분을 받았으니 집에서 푹 쉬다가 오겠다고 자랑하는 학생도 있습니다. 그것은 잘못을 인정하는 태도라고 보기 어렵습니다. 어떤 학생은 반성하는 태도로 당분간 조용히 지내야겠다고 마음먹기도 합니다.

그러나 주변 친구들이 징계 받은 데 대해 놀리면 굳게 먹었던 마음이 무너지기도 합니다. 친구들 앞에서 어떻게 행동하는 것이 현명할까요?

심의 단계에서 학생이 진심어린 반성의 태도를 보여준다면 정상 참작할 수도 있을 것이다. 예를 들어 학교 내의 봉사 5일 처분을 내리는 것이 적절하지만 학생이 진심으로 반성한다면 3일 정도로 낮춰주는 것을 고려해 볼 수 있다. 하지만 학생이 반성하고 있으므로 이번에는 봐주자는 결론을 낸다면 그것은 바람직하지 않다. 정상 참작과 처벌하지 않는 것은 질적으로 다른 것이기 때문이다. 정상 참작을 할 경우 징계 결과를 통보할 때 정상 참작했음을 알려주는 것이 좋겠다.

심의 단계에서 발생할 수 있는 또 다른 문제는 민원 발생을 우려하여 위원들이 선도 처분 하는데 부담을 느끼기도 한다는 점이다. 민원 방지를 우선시하는 관리자가 있는 학교에서 특히 더 그렇다. 학교가 민원 발생을 두려워한다고 느끼면 선도 대상 학생이나 그 보호자는 학교를 공격하기도 한다. 절차상의 문제를 제기하거나 지도 과정에서 교사의 언행이 부적절했다고 공격하여 선도위원회 자체를 무력화 하려고 시도하는 경우가 심심치 않게 발생한다. 민원을 피하려다 오히려 민원을 발생시켜 문제가 더 복잡해지는 것이다. 민원 발생을 우려하여 주춤거리면 학교의 입지는 점점 좁아지고 학생은 잘못한 것이 없다고 생각할 뿐만 아니라 학교를 우습게 여기게 된다. 그러므로 선도위원회는 엄격하고 단호한 태도를 보일 필요가 있다. 똑같이 사회봉사 5일 처분을 내리더라도 학생과 보호자의 눈치를 보며 처분하는 것과 정상을 참작하여 처분하는 것은 질적으로 다르다.

3
통보 단계

학생선도위원회의 심의 결과는 학교장이 승인한 후 확정되어 학생 및 보호자에게 서면으로 통보된다. 경기도 교육청이 제작·배포한 [2019 학교 생활 인권규정 운영 안내]에 따르면 결과통보서에는 조치 결과, 결정 이유, 위반 조항이 포함되며 조치 기간에 학생이 해야 할 사항, 학생 및 그 보호자의 유의사항, 보호자의 협조사항, 불복 시 재심신청 절차등이 안내된다. 다음은 '조치 결과 통지서' 양식이다.

조치 결과 통지서

( )학년 ( )반 ( )번 성명 : ( )

위 학생은 학교 생활 인권규정 제○○조(학생 징계)제○항에
의거하여 다음과 같이 통지합니다.

□ 조치결과 : 교내봉사 ○일 (20 년 월 일 ~ 월 일)

□ 결정이유 :

□ 위반조항 :

20 년 월 일

○○학교장

※ 본 조치 결과에 대한 이의가 있을 때에는 징계 조치가 있음을 알게 된
날로부터 5일 이내에 서면으로 학교에 재심의를 신청할 수 있음.
※ 행정심판은 처분이 있음을 알게 된 날부터 90일, 처분이 있었던 날부터
180일, 행정소송의 경우 처분 등이 있음을 안 날부터 90일 이내, 처분 등
이 있은 날부터 1년내에 청구 가능합니다.

일반적으로 통지서에서 학생의 성장과 발전을 위한 내용을 찾아보기 어렵다는 것이 통보 단계의 첫 번째 문제점이다. 심의 결과 통보 시에 학생선도위원회 진행 과정에서 교사가 관찰한 학생의 행동 변화나 앞으로 기대되는 행동, 재발 방지를 위한 학교의 당부가 포함된다면 학생과 보호자는 학생선도위원회가 잘못에 대해 책임을 물을 뿐만 아니라 학생을 성장시키기 위해 지도한다고 생각하게 될 것이다.

조치 결과 통지서(예시)

(   )학년 (   )반 (   )번 성명 : (   )

위 학생은 학교 생활 인권규정 제○○조(학생징계)제○항에 의거하여 다음과 같이 통지합니다.

□ 조치결과 : 교내봉사 ○일 (20 년 월 일 ~ 월 일)

□ 결정이유 :

　◎ 사실 관계 : (시간 순서, 인과 관계에 따라 구체적으로 기술)

　◎ 조사 및 심의 단계에서 학생이 보여준 태도 :

1) 조사 단계

- 흡연 신고 접수 후, 흡연 여부에 대해 묻자 담배를 입에 물기만 했으며 흡연은 하지 않았다고 함

- 관련 학생들의 사안 조사를 통해 흡연 사실이 확인되자 흡연 사실을 인정함.

- 사실 확인을 위한 학생 서술 양식 작성 시 친구 탓을 하는 모습을 보임.

- 작성한 양식을 바탕으로 조사한 결과 흡연을 하는 친구가 멋있어 보여서 담배를 구입했으며, 부모님께 혼날까봐 두려워서 흡연 사실을 인정하지 않았다고 진술함.
- 자신의 흡연으로 인해 학교 공동체 구성원에게 미치는 피해에 대해 진지하게 고민하는 모습을 보였으며, 재발 방지를 위해 흡연의 기회가 생길 모임에는 참석하지 않겠다고 함.

2) 심의 단계
- 조사 단계에서 작성한 자기 성찰문을 바탕으로 학생선도위원회 위원들의 질의에 성실하게 대답하였으며, 이 과정에서 자신의 잘못된 행동에 대한 후회와 뉘우침이 드러남.
- 보호자의 의견을 듣고, 자신의 입장을 소명하는 과정에서 보호자에게 죄송해하는 모습을 보임.
- 흡연이 다른 학생에게 어떠한 영향을 미치는지 묻자, 자신이 그랬던 것처럼 세 보이거나 멋있어 보이려고 흡연 욕구를 느끼는 학생이 있을 것 같다고 답함.
- 선도 처분 결과에 따라 책임지고 앞으로는 그러지 않겠다고 다짐함.
  ◎ 학생선도위원회 심의 결과 : 학교 내의 봉사 3일
- 같은 사유로 징계 받은 이력이 없을 경우 통상적으로 흡연에 대해서는 학교 내의 봉사 5일을 부과함.
- 조사의 초기 단계에서는 흡연을 하지 않았다고 거짓말을 하였으나 흡연한 이유, 흡연 사실을 인정하지 않은 이유를 솔직히 밝힘.
- 자신의 행위가 다른 학생들에게 미치는 영향을 이해하고 앞으로 행동을 조심하겠다고 다짐함.
- 책임을 회피하지 않고 처벌을 달게 받겠다는 태도를 보임.
- 위와 같은 상황을 고려하여 '학교 내의 봉사 3일'을 부과하기로

결정함.

◎ 유의사항

- 선도조치 이행이 끝나기 전에 학교 생활 규정을 재차 위반하여 선도위원회 회부 시 가중처벌함.
- 동일 사안으로 선도위원회에 다시 회부되면 다음 단계의 선도 조치를 부과함.
- 2019.05.24.부터 2019.05.26.까지 방과 후 2시간씩 3일간 봉사 활동 실시 예정임.

◎ 재발 방지를 위한 당부

- 흡연이 예상되는 만남에 참석하지 않기를 바람.
- 학생 보호를 위하여 보호자와 학생이 기간을 정하여, 보호자의 밀도 있는 학생 생활 관리 요망.
- 인근 보건소에서 실시하는 금연 프로그램에 적극 참여 바람.

□ 위반조항 : (30항) 흡연이나 음주를 한 학생 (처벌 가능 범위: 학교 내의 봉사 ~ 출석정지)

2019. 05. 20.

OO학교장

※ 본 조치 결과에 대한 이의가 있을 때에는 징계 조치가 있음을 알게 된 날로부터 5일 이내에 서면으로 학교에 재심의를 신청할 수 있음.

※ 행정심판은 처분이 있음을 알게 된 날부터 90일, 처분이 있었던 날부터 180일,행정소송의 경우 처분 등이 있음을 안 날부터 90일 이내, 처분 등이 있은 날부터 1년 내에 청구 가능.

통보 단계에서 발생하는 두 번째 문제점은 학생 인권 보호라는 미명 하에 학생 징계 결과를 공개하지 않는다는 점이다. 징계 사실 공개가 학생의 인권을 침해하는가에 대해 국가인권위원회에 질의하였는데, "징계 사실은 개인의 평판이나 명예에 중대한 영향을 미치므로 원칙적으로 정보주체 스스로 결정할 수 있는 권리가 보장되어야 하며, 불가피하게 공개하는 경우에도 개인이 특정되지 않는 선에서 공개되어야 한다"라는 답변을 받았다. 당사자가 기꺼이 동의하는 경우는 거의 없으므로 사실상 공개하지 말라는 것으로 볼 수 있다. 해당 학생의 신상 명세를 적시하지 않는다면 공개가 가능하다고 하나 개인이 특정될 가능성이 높다면 인권 침해로 판단될 여지가 있다고 하였다. 학교 생활의 특성상 징계 대상 학생의 신상을 적시하지 않더라도 학생들은 누가 징계받았는지 쉽게 알 수 있다. 그러므로 인권위의 권고에 따르려면 징계 결과는 공개할 수 없다. 인권위의 이런 입장은 학생 인권 조례나 교육청 학생선도위원회 운영 매뉴얼에도 유사하게 드러난다.

경기도 학생 인권 조례

제13조(사생활의 비밀을 보호받을 권리) ① 학생은 가족, 교우관계, 성적, 징계기록 등 개인적인 정보를 보호받을 권리를 가진다.

2020 학교 생활 인권규정 운영 안내(경기도) 41쪽

징계사실 공표는 학생의 프라이버시권 보호를 위해 금지됨. 학생의 교육 활동 상 불가피한 경우에 한하여 관련교사에게만 최소화 하여 안내하고 누설되지 않도록 해야 함.

국가인권위원회의 입장이나 경기도교육청 입장은 얼핏 보면 그럴듯하다. 그러나 징계 사실은 다음과 같은 이유로 공개되는 것이 교육적으로 바람직하다.

첫째, 징계 사실은 학교 공동체 구성원 다수에게 영향을 미치는 공적 정보의 성격이 강하므로 공개되는 것이 바람직하다. 국가인권위원회나 경기도교육청은 징계 사실이 사적 정보라고 전제한다. 그러나 징계 사실은 가족 관계, 병력, 신체적 특징 등 지극히 사적인 정보와는 성질을 달리한다. 학생이 징계를 받았다면 누군가에게 피해를 입혔거나(수업 방해, 절도, 교권 침해 등) 교육적으로 부적절한 행위를 했기 때문(수업 불참, 용의 복장 규정 위반 등)이라고 볼 수 있다. 법령이나 학칙을 어기는 행위는 다른 학생이나 교사에게 피해를 주거나 부적절한 영향을 미치기 마련이다. 이렇듯 공적 정보의 성격이 강한 선도 결과가 공개되지 않을 경우 발생할 수 있는 문제점에 대해 생각해보자. 어떤 학생이 학칙을 어겨 학생선도위원회에 회부되었다면 교사가 말하지 않더라도 주변 학생들 다수가 그 사실을 알게 된다. 이처럼 다수의 학생들이 학생선도위원회가 열린다는 것을 아는 데도 불구하고, 선도 처분 결과가 공개되지 않아서 징계 대상자가 아무 일도 없었던 것처럼 생활한다면 주변 학생들은 그 정도 행위를 하더라고 별 문제가 생기지 않는다고 생각하게 된다. 더 나아가서는 규정 위반 행위를 하더라도 학교가 소극적으로 대응한다고 여기게 된다. 피해자가 있는 사안이라면 가해자가 태연하게 생활하기 때문에 오히려 피해자가 위축될 수 있다. 학생 집단 내에서 징계 대상자의 지위가 낮다면 왜곡된 정보가 전파되어 징계 대상자가 고통을 겪을 수도 있다. 징계 사실 공개는 공개 대상자의 평판이나 명예에 부정적인 영향을 미치게 되기는 하지만 징계 사실을 공개하여 피해

자의 명예를 회복시켜 주고 주변 학생들이 받을 수 있는 부정적 영향을 차단하며 징계대상자가 행동을 조심하게 만드는 것이 더 중요하다. 징계 사실을 공개함으로써 왜곡된 정보가 퍼져서 징계 대상자가 고통받는 상황도 예방할 수 있다.

둘째, 징계 사실 공개는 적절한 수치심을 유발하여 학생들에게 자기 규제의 동기를 제공한다. 심리학의 영향인지 모르겠으나 사람들은 스스로 느끼는 수치심에 대해서는 긍정적으로 보면서도 외부에서 주어지는 수치심은 이유 여하를 막론하고 부정적으로 보는 경향이 있다. 그러나 외부에서 주어지는 수치심이 모두 부적절하다면 토론도 비판도 해서는 안 된다. 토론 상대방의 반론이나 누군가의 비판으로부터 수치심을 느끼는 경우가 흔하기 때문이다. 제니퍼 자케의 『수치심의 힘』 Is Shame Necessary? : New Uses for an Old Tool 에 따르면 법이나 규범을 어기면 수치를 겪게 될 것이라는 두려움이 자기 규제의 동기가 되며, 법이나 규범을 어긴 사람에게 수치를 줌으로써 집단의 기준을 따르게 할 수 있다.

이때 수치심은 정당한 수치심으로 직업, 성별, 가족관계, 학력, 인종 등을 이유로 수치를 주는 명예 훼손이나 모욕과 같은 부당한 수치주기와는 구별되는 것이다. 사람들이 흔히 수치심을 부정적인 것으로 여기는 이유는 정당한 수치 주기와 부당한 수치 주기를 구별하지 않기 때문이다. 징계 사실 공개 금지는 수치 주기가 초래할 수 있는 부정적 측면 (피해자나 학교에 대해 적개심을 갖는 것, 징계 대상자가 지나치게 위축되는 것 등)에 지나치게 주목한 나머지 긍정적 측면을 외면하는 것이다.

징계 사실을 공개하되 그에 앞서 선도 대상이 된 학생과 함께 수치심이 가져올 긍정적 효과에 대해 대화를 나눈다면 징계 사실 공개는 얼마든지 교육적일 수 있다.

징계 사실 비공개의 비교육적 측면, 그것이 가져오는 부정적 결과를 알면서도 학교는 손놓고 있을 수밖에 없을까? 징계 사실 공표의 형태가 아니라 학생의 주의를 환기하는 형태로 게시물을 부착하는 것은 가능할 것이다. 예를 들면 아래와 같은 게시물을 작성할 수 있다.

알립니다

도난 사건이 발생하고 있습니다. 다른 사람의 소유물이나 재산을 훔치는 행위는 피해 당사자에게 크나큰 피해를 주는 행위일 뿐만 아니라 서로가 서로를 의심하고 불신하게 하는 행위입니다.

학교는 다른 사람의 소유물이나 재산을 훔치는 학생에 대해 엄격하게 처벌하고 있습니다. 그러한 행위를 직·간접적으로 돕는 행위 역시 엄격하게 처벌합니다. 그러한 불미스러운 행위를 하는 학생이 없기를 바랍니다.

혹시 친구가 그러한 행위를 하려 한다면 적극적으로 말려 주시기 바라며, 누군가가 그런 행위를 하는 것을 목격했거나 알게 되었다면 학생생활안전부에 제보해 주시기 바랍니다. 직접 제보하기 어렵다면 문자메시지를 활용하여 제보해 주셔도 됩니다. 단, 문자메시지를 보낼 경우 자신이 누구인지 밝혀 주시기 바랍니다. 몇 줄의 문자메시지 만으로는 사실을 확인하기 어렵기 때문입니다. 제보자에 대한 비밀은 보장합니다.

2019년 7월 2일
○○중학교 학생생활안전부

이 같은 방식은 징계 사실 공개에 비해 덜 교육적이고 덜 효과적이긴 하지만 아예 공개하지 않는 것보다는 낫다. 적어도 징계 대상자가 자랑 하듯이 징계 사실을 말하기는 어렵고 주변 학생들에게 미치는 부정적 영향도 억제할 수 있으며 피해자가 있는 사안의 경우 피해자가 주눅 들 어 지내는 것을 방지하거나 완화할 수 있기 때문이다.

4
징계 단계

학생선도위원회 심의 결과 통보 후, 학생이 받은 처분에 따라 징계 절차 가 진행된다. 학교 내의 봉사, 사회봉사, 특별교육이수, 출석정지(1회 10일 이내, 연간 30일 이내), 퇴학처분(의무교육 단계에서는 불가)이 가능하다. 이 단계의 문제는 각 처분별 양질의 프로그램이 부족하다는 것이다.

먼저 '학교 내의 봉사' 처분에 대해 생각해보자. 경기도 교육청이 배포 한 [2019 학교 생활 인권규정 운영 안내] 33쪽에는 다음과 같이 안내되어 있다.

1) 학교 내의 봉사

가) 1일 2시간 이내, 5일 이내의 기간으로 한다. 다만 각 학교 실정에 따라 총시간 등으로 정하여 달리 실시할 수 있다.

나) 수업 이외의 시간에 실시하는 것을 원칙으로 하되, 특별한 사정이 있 는 경우 학교장의 판단으로 달리 실시할 수 있다.

다) 학생의 학교 생활 인권규정 위반 내용 및 정도에 부합하는 다양한 프

로그램을 마련하여 운영한다.

어떤 프로그램을 어떻게 운영할지 학교에서 알아서 결정하도록 안내하고 있다.

어떤 학교는 청소를 하라고 지시하고 학생이 다 했다고 하면 검사도 하지 않고 보낸다. 어떤 학교는 지도교사가 학생과 함께 청소하며 대화를 나누기도 한다.

어떤 학교는 두 시간 청소시키겠다고 엄포를 놓고 30분쯤 지난 후에 특별히 봐준다면서 보내기도 한다.

단순 청소, 깜지 쓰기 등을 시키는 학교에서 학생은 봉사를 하면서 자기 행동을 돌아보기보다는 어떻게 하면 빨리 집에 갈 수 있을지만 생각한다. 이런 문제를 해결하기 위해서는 첫째, 1일 2시간 실시를 원칙으로 하여 학교별 편차가 생기지 않도록 함이 좋겠다. 둘째, 프로그램 마련을 학교에만 맡길 것이 아니라 교육청이나 교육부가 제공할 필요가 있다. 우수사례를 모으고 직접 개발하여 보급한다면 학교에서 적절히 활용하거나 응용할 수 있을 것이다. 학교 내의 봉사 프로그램 절대 다수가 '청소'라는 사실을 교육부, 교육청이 모르지 않을 것이다. 이렇게 운영되는 것은 교사가 게을러서가 아니다. 징계 프로그램 연구·개발은 교과 연구 이상으로 어렵고 복잡한 일이다. 교과의 경우 선행 연구나 이미 개발된 프로그램들이 많지만 징계 프로그램은 그렇지 않다. 담당교사가 그 업무를 담당하는 동안에만 한시적으로 운영하는 프로그램이다 보니 따로 프로그램을 마련하기가 쉽지 않다. 셋째, 학교 내의 봉사 프로그램의 마지막에는 교감이나 교장과의 면담 시간을 배치하면 좋겠다. 교장이나 교감이 갖는 권위만으로도 학생이 자신의 행동을 가볍게 여기지 않게 하는데 도움이 될 것이다. 물론 교장과 교감은 면담 전에 어떤 학생과 만나는지 알고 있어야 하고 징계 과정에서 학생이 어떤 태도를 보였는지도 알고 있어야 한다. 그래야 학생에게 적절한 당부를 해줄 수 있을 것이다.

다음으로 사회봉사나 특별교육이수 프로그램에 대해 생각해보자. 이들 프로그램도 부실하기는 마찬가지다. 시도마다 상황이 약간씩 다르겠지만, 교육청에서 제시하는 사회봉사 기관이나 특별교육 이수 기관의 수는 매우 제한적이며, 이마저도 순서를 기다려야 해서 즉시 지도가 어렵다. 5월에 징계받은 학생이 7월이 되어서야 사회봉사를 이수한다면 교육적 효과가 미미할 수밖에 없다. 어렵게 사회봉사 기관에 보내더라도 불성실한 태도를 보이거나 기관 담당자에게 무례한 태도를 보이는 등 물의를 일으키는 일이 빈번하다. 이런 현실 때문에 어떤 학교는 사회봉사 처분 내리는 것을 꺼린다. 특별교육기관들의 프로그램도 부실한 경우가 많다. 기관에 다녀온 학생들 중에는 수업을 안 받으니 재밌다고 좋아하는 학생도 꽤 있는데 이쯤 되면 벌이 아니라 휴가를 다녀온 셈이 된다. 뭘 했는지 물어보면 상담을 하거나 체육활동을 하거나 영상을 보고 왔다고 말한다. 처분이 긍정적인 효과를 내기는커녕 선도위원회를 우습게 여기게 한다. 교육청이 기관을 직접 운영할 수 없다면 각 기관의 프로그램이 어떻게 운영되는지 점검하고 감독하여 내실 있게 운영되도록 해야 한다.

마지막으로 출석정지 처분에 대해 살펴보자. 출석정지 처분은 그야말로 공식적으로 학생에게 휴가를 부여하는 것이 되어 버렸다. 출석정기 기간 동안 미인정 결석 처리된다는 것을 제외하면 학생에게 어떤 프로그램도 부과되지 않는다. 출석정지가 교육적 효과를 거두려면 교육

프로그램과 함께 부과될 필요가 있다. 출석정지 기간 중 이수하는 프로그램의 일부는 보호자도 함께 하는 프로그램으로 구성하는 것도 고려해 볼 만하다.

이상 살펴본 바에 따르면 징계 수위는 학교 내의 봉사, 사회봉사, 특별교육 이수, 출석정지 순으로 높아지지만 학생이 느끼는 부담의 정도는 다르지 않거나 오히려 반대이다. 많은 사람들이 처벌 강화가 해결책인 것처럼 말하지만 그보다는 기존 선도위원회 운영의 문제점을 분석하고 교육적으로 재구성할 필요가 있다.

학생선도위원회를 교육적으로 운영하기에는 여러 가지 현장의 어려움이 있다. 그러나 어려움이 있다고 해서 이대로 놔둘 수는 없다. 학교는 학교대로 개선방안을 모색해야 하고 교육청이나 교육부는 책임감을 갖고 학교를 도와야 한다.

학교생활규정
토론수업
사례

학교생활규정
주요 조항
해설 자료

학교생활규정
교육자료

4

부록

학교생활규정
토론수업
사례

1
찬반토론의 문제점

　토론을 형식에 따라 나누면 자유토론과 아카데미식 토론으로 나뉘고 그 중 아카데미식 토론의 가장 대표적인 방식은 교차조사식 토론과 칼 포퍼식 토론이 있다고 한다. 자유토론의 경우 크게 보면 대체로 찬성하는 참여자와 대체로 반대하는 참여자로 나뉠 때가 많긴 하지만 각자가 자기 입장을 가지고 참여하는 토론이므로 토론 참여자만큼의 입장이 존재하게 된다. 자유토론 시에는 실제 자기 입장을 가지고 토론하므로 토론 참여자가 거부감을 느끼지 않는다는 장점이 있다. 그러나 다른 입장을 가진 사람에 대해 이해하기 어렵고 참여자가 다수일 때는 실시하기 어려우므로 학교에서 수업을 할 때는 이 형식을 거의 쓰지 않는다.

　아카데미식 토론의 경우 2~4인을 한 조로 편성하여 실시할 수 있기 때문에 학교에서 많이 활용한다. 다만 양측으로 나뉘어 상대 주장의 허점을 공격하고 자기 주장의 정당성을 부각시켜야 하기 때문에 찬반 토론 형식으로 이뤄진다. 찬반 토론의 장점은 입장이 분명하게 나뉘기 때문에 토론자가 주장의 이유와 근거를 찾기가 쉽다는 점이다. 양측의 입장이 뚜렷하게 갈리므로 청중들도 이해하기 쉽다. 그러나 단점은 주장이 극단적으로 쏠린다는 점이다. 예를 들어 각 반 교실에 다른 반 학생이 출입하지 못하게 하는 규정을 두고 있는 학교가 있다고 해보자. 이 규정에 대한 찬반 토론을 할 때 찬성측은 다른 반 학생의 출입을 허용할 경우 도난과 학교 폭력이 증가할 것이라고 주장하기 쉬우며 반대측은 문제를 일으키는 학생이 극소수에 불과한데 모든 다른 반 학생의 출입을 금하는 것은 지나치다며 문제의 가능성만으로 출입을 금해서는 안 된다고 주장하기 쉽다. 찬성, 반대 이외의 다른 입장을 상상하지 못하도록 한다는 점도 단점이다. 현실에서는 어떤 의견에 대한 찬성과 반대만 있지 않다. 의견 자체가 다양하게 존재하고 각 의견에 대해서도 조건부 찬성, 부분적 찬성, 조건부 반대, 부분적 반대, 찬성도 반대도 아닌 의견 등 다양한 입장이 존재한다.

2
사례 1 - 개별적으로 자기 입장을 발표하도록 하고 질의응답함

이런 형식을 도입한 이유는 찬반 토론의 단점을 극복하기 위해서였다. 어떤 주제에 대해 학생 각자가 실제 자기 입장을 가지고 토론하게 함으로써 더 바람직한 입장을 찾게 할 수 있을 것이라 보았다. 조별토론의 경우 무임승차가 발생하거나 불성실한 조원으로 인해 조원 전체가 피해보거나 사기가 떨어지는 경우가 발생하기 쉬운데 이런 문제도 예방

할 수 있다고 보았다. 평가자인 교사의 입장에서도 동시에 여러 명을 보며 평가하는 것보다 한 번에 한 명만 평가하면 되므로 수월한 측면이 있다. 학생은 실제 자기 입장을 가지고 토론을 준비할 수 있기 때문에 거부감이나 이질감을 느끼지 않아도 된다. 반면에 단점은 비슷한 생각을 가진 학생이 여러 명 있을 경우 나중에 발표하는 학생이 앞서 발표한 학생의 영향을 많이 받는다는 것이다. 청중의 입장에서 보면 비슷한 내용을 여러 번 듣게 됨으로써 지루하다고 느낄 수도 있다.

가. 수업 안내

2018학년도 ○○고 1학년 2학기 국어 수행평가

토론하기

민주주의 사회에서 토론 역량은 필수적입니다. 작은 문제부터 삶에 커다란 영향을 미치는 문제까지 토론을 통해 의견을 교환하고 합의를 통해 결정하기 때문입니다. 하지만 의외로 토론 역량을 가지고 있는 사람이 많지 않습니다. 주제에 집중하지 못 하고 엉뚱한 말을 해서 산만한 분위기를 만드는 사람이 있는가 하면 근거 없이 주장만 하는 사람도 있습니다. 상대방의 말에 전혀 귀 기울이지 않고 자기 할 말만 하는 사람도 있습니다. 상대방의 주장이 설득력 있는 것임에도 불구하고 인정하지 않으려 드는 사람도 있습니다. 토론을 승패의 문제로 보고 어떻게든 상대방을 굴복시키려는 사람도 있습니다.

토론은 어떤 견해가 다른 견해보다 더 우월하다는 것을 증명하려고 하는 것이 아닙니다. 더 좋은 방법, 더 바람직한 견해를 찾기 위해 함께 심사숙고하는 과정입니다. 그러므로 TV 속 토론이나 토론 배틀 프로그램 등은 여러분에게 모범이 되지 못할 때가 많습니다. 이번 수행평가는 기존 토론 방식과 다른 형태로 진행합니다.

■ 토론 방법

1. 정해진 주제에 대해 각자 토론문을 작성하고 발표합니다. 발표 시간은 5분 내외입니다.

2. 발표자 외의 학생들은 귀 기울여 듣고 나서 발표자에게 질문을 하거나 발표자와 다른 생각을 밝힙니다.

3. 발표자는 질문자, 자신과 다른 견해를 밝힌 사람에게 자신의 생각을 밝힙니다.

4. 모든 학생들의 발표, 질의응답 및 의견 나눔이 끝나면 최종 토론문을 작성하여 제출합니다. 다른 학생들의 발표를 듣고 생각이 달라졌다면 어떻게 달라졌는지, 왜 달라졌는지 씁니다.

나. 토론주제

학교에서 학생의 휴대 전화 소지 및 사용 제한, 어디까지가 적절한가?

○○고등학교 학교 생활 인권규정 제22조는 휴대 전화의 소지와 사용에 대해 다음과 같이 밝히고 있습니다.

제22조 (통신기기 관리) 교내에서는 다음 각 호와 같은 사항을 준수해야 한다.

1. 휴대 전화의 사용

① 등교 후 담임 교사가 수거하며, 학교 일과 시간에는 담임 교사가 보관함을 원칙으로 한다. (교내에서 휴대 전화기는 특별한 경우를 제외하고 사용하지 않는다.)

② 일과시간에 휴대 전화를 사용해야 할 경우 담임 교사는 사용할 수 있도록 조치를 취한다.

③ 위와 같은 사항 위반 시 다음과 같은 단계별 조치를 취한다. (공휴일 미포함)

단 계	세 부 사 항
1차 적발	구두상 훈계 조치 (대상 : 학생)
2차 적발	해당 학년부 지벌 및 선행봉사 3일 (대상 : 학생) ※ 이때 반드시 해당 보호자에게 연락하여 학교 규정에 관해 설명을 한다.
3차 적발	학교선도위원회 징계 대상자로 회부함

○○고등학교 학생들은 등교 후 담임 교사에게 휴대 전화를

제출해야 하며 일과 시간이 끝나면 돌려받습니다. 이를 어길 경우 ③항에 따라 조치 받게 됩니다.

그런데 지난 해 학생 대토론회에서 어떤 학생이 쉬는 시간 및 점심시간에는 휴대 전화를 사용할 수 있어야 한다며 규정을 개정해야 한다고 주장했습니다. 이 주장에 동의하는 학생도 있었으나 대부분의 학생들이 현실적으로 어렵다며 동의하지 않았습니다.

쉬는 시간이나 점심시간에 휴대 전화를 받았다가 다시 제출하는 과정이 번거롭기도 하고 실제로 사용할 수 있는 시간도 많지 않다는 이유 때문이었습니다.

휴대 전화의 소지 및 사용에 대해 다양한 견해가 있습니다. 우선 교사, 학생, 학부모의 생각은 어떤지 살펴보겠습니다. 그 뒤에 여러 견해와 그 견해의 근거를 살펴보겠습니다.

다. 토론 자료

2부 내용 중 '휴대 전화' 토론 자료를 학생들에게 제시하였다.

3
사례 2 – 조별 토론 : 현행 규정 유지 vs 개정

찬반 토론의 단점도 극복하고 개별 발표 형식의 단점도 극복하기 위해 고안한 형식이다. 현행 규정에 대해 반대하는 입장에 설 경우 개정안을 만들도록 함으로써 반대를 위한 반대가 되지 않도록 하였다. 세부 토론규칙은 교차조사식 토론을 단순화 하여 만들었다. 교차조사식 토론은 2인 1조로 진행하는 것이 좋다고 하는데 그렇게 할 경우 시간이 너무 많이 걸린다. 그런데 3~4인으로 조를 구성하면 규칙이 복잡해서 학생들이 헷갈려 하므로 토론 흐름이 자주 끊길 우려가 있다.

각 학급 인원이 22~24명이었기 때문에 3~4인을 한 조로 편성하였고 총 6개조를 두 조씩 묶어 토론하게 하였다. 이렇게 하면 총 세 번 토론하게 되는데 논제도 세 가지를 주어 세 번의 토론이 각각 다른 논제로 진행되도록 했다. 예를 들면 1, 3조는 복장 규정에 관해, 2, 5조는 화장 규정에 관해, 4, 6조는 휴대 전화 규정에 관해 토론하게 하는 것이다. 실제 학교 생활 규정을 개정할 때는 여러 조항을 한 번에 개정하는 경우가 많다. 토론 수업 시에도 여러 조항에 관해 토론하게 하면 수업 이후 실제로 규정 개정을 추진할 때 도움이 될 것으로 보았다.

실제로 토론을 해보니 찬반 토론의 문제점이 정도는 덜 하지만 유사하게 나타났다. 자기 조가 규정 개정측이 되었을 때 제시할 개정안을 만들어보게 했더니 극단적인 정도는 아니었으나 통제를 가급적 없애는방향으로 개정안을 만드는 경우가 많았다.

가. 수업 안내

1. 총 6개의 조로 나눕니다. 한 조는 3~4명으로 구성하며 조편성은 선생님이 합니다. 1학기 성적을 기준으로 골고루 섞었습니다.
2. 2개조씩 짝을 이루어 토론합니다. 예를 들면 1조와 3조, 2조와 5조, 4조와 6조가 짝을 이룰 수 있습니다.
3. 토론 주제는 3가지가 주어집니다.

① 휴대 전화 관련 규정을 유지해야 하는가? 더 강하게 규제해야 하는가?

② 화장에 관한 현행 규정을 유지해야 하는가? 더 많이 허용하거나 규제를 없애야 하는가?

③ 현행 복장 규정을 유지해야 하는가? 학생의 선택권을 확대해야 하는가?

4. 짝을 이룬 두 조 학생 중에서 한 명이 나와서 주제를 뽑습니다.

5. 각 조는 현행 규정을 유지하자는 측에서 토론할 수도 있고 개정하자는 측에서 토론할 수도 있습니다. 어떤 입장에 서게 될 것인지는 토론 직전에 결정합니다.

6. 기본 토론 자료는 선생님이 제공합니다. 각 조는 현행 규정을 유지하자는 측의 주장과 근거, 개정하자는 측의 주장과 근거를 모두 조사하여 기록합니다. 이 때 휴대 전화를 활용하여 자료를 찾아도 됩니다.

7. 현행 규정을 유지하는 측이 되었을 때 누가 어떤 주장을 할 것인지, 개정하자는 측이 되었을 때 누가 어떤 주장을 할 것인지 미리 정합니다. 자신이 주장할 내용과 근거, 예상 질문과 예상 답변을 적습니다.

8. 토론합니다. 사회자는 미리 세 사람을 자원받습니다. 자기 조가 토론하지 않을 때 사회를 봅니다. 사회자에게 점수 혜택은 없으나 생활기록부에 내용을 기재해 줍니다.

9. 토론 순서는 다음과 같습니다.

① 규정 개정 측의 주장 1 → 규정 유지 측의 질문 1(교차조사) → 답변

② 규정 개정 측의 주장 2 → 규정 유지 측의 질문 2(교차조사) → 답변

⋯⋯⋯

③ 규정 유지 측의 주장 1 → 규정 개정 측의 질문 1(교차조사) → 답변

④ 규정 유지 측의 주장 2 → 규정 개정 측의 질문 2(교차조사) → 답변

………

⑤ 자유 토론 : 사회자에게 발언 기회를 얻어 더 하고 싶은 이야기를 합니다. 상대방의 주장에 대한 반론, 자신의 주장을 뒷받침하기 위한 추가 설명 등을 할 수 있습니다.

10. 토론 소감, 토론 주제에 대한 자신의 생각을 적습니다.

나. 토론 자료

2부 내용 중 '휴대 전화', '화장', '복장' 토론 자료를 학생들에게 제시하였다.

4

제안 - 조별 토론 2 : 각 조는 제각기 다른 입장에서 정당성을 주장

이렇게 할 경우 찬반 토론의 문제점을 상당히 해소할 수 있을 것이다. 앞서 언급한 것처럼 찬반 토론은 주장을 극단적으로 만드는 경향이 있는데 이것이 찬반 토론의 가장 큰 문제이다. 찬반 토론을 할수록 학생들의 실제 입장은 극단적 자유주의로 흐를 가능성이 커지기 때문이다.

토론 수업 때는 본인이 찬성 측이었든 반대 측이었든 간에 수업이 끝난 뒤에는 권리제한을 가급적 없애야 한다고 생각하게 되는 것이다.

한 학급을 4개조로 편성한다면 교사가 4개의 입장을 제시하고 각 조는 4개의 입장 중 하나를 골라 그 입장을 옹호하게 하고 다른 입장의 문제점을 찾게 한다. 예를 들어 휴대 전화 규정에 대해 토론한다면 다음과

같이 제시할 수 있다.

입장1 현행 규정을 유지한다.(학생이 소지하도록 하고 수업 중 사용 시에는 체크하여 3회 누적시 처벌한다.)

입장2 조회 시간에 휴대 전화를 수거하였다가 종례 시간에 돌려 준다.

입장3 수업 시작할 때 휴대 전화를 사물함에 넣어 둔다.

입장4 교실에 휴대 전화 보관함을 두고 수업 시작할 때 넣어두 었다가 수업 후 쓸 수 있도록 한다.

이렇게 하면 학생들은 각 입장의 장점과 단점을 생각해 보게 되고 권리를 보호하기 위한 방안이 다양하다는 점, 권리를 제한하는 정도와 방법도 다양하다는 점을 알게 될 것이다. 그러므로 극단적 입장을 갖게 되는 일도 적을 것이다. 4개조가 동시에 토론을 하기는 어려우니 한 조가 발표하고 다른 세 조는 발표를 듣고 난 뒤 질문과 반론을 할 수 있도록 한다.

이 형식의 단점을 찾자면 학생들로 하여금 대안을 생각해보게 하지 않는다는 것이다. 안을 교사가 미리 정해서 제시하기 때문이다. 이러한 단점을 해소하기 위해 논제와 관련한 여러 가지 대안을 학생 각자가 제안하게 하고 제안된 대안들 중 가장 설득력 있어 보이는 것 네 개를 추첨을 통해 추려낸 뒤 토론을 할 수도 있다.

학교생활규정 주요 조항 해설 자료

　학생들에게 학교 생활 규정 모든 조항을 하나하나 해설해 주는 것은 여러모로 어려운 일이다. 그러나 학생들이 알아야 할 주요 조항에 대해서는 해설해 줄 필요가 있다. 각 조항이 어떤 이유에서 만들어졌는지, 어떤 역할을 하는지 이해하면 규정을 준수하려는 마음을 갖게 될 것이고 받아들이기 어려운 조항이 있다면 그에 대해 비판적으로 볼 수 있게 될 것이다.

　이 내용은 ○○고등학교 학교 생활 규정의 주요 조항에 대한 해설 자료이므로 이를 참고하여 각 학교 실정에 맞게 해설 자료를 만들어 학생 교육에 활용하면 된다.

1

학생회 규정

제 10 조 (성격 및 구성)

4. 대의원회는 다음과 같이 구성한다.

① 의장 1명 (학생회장)

② 부의장(부학생회장 4명)

③ 학생회 부장·차장

④ 대의원 (학급회의 회장)

제 11 조 (임무 및 권한)

1. 대의원회는 학생의 대의 기관으로 학생들의 의견을 수렴하여 반영시키도록 한다.

학생 대의원회는 학생의 다양한 의견을 바탕으로 학생회 사업을 결정합니다.

제 15 조 (대의원회 자격)

2. 임기 중 학교 내의 봉사 이상의 징계를 받은 경우 그 직에서 해임될 수 있다. 단, 근태나 용의 복장 규정에 위배되어 학교 내의 봉사를 1회 받는 경우는 제외한다.

학급회장은 대의원회에 참석하여 학급 학생의 의견을 대표합니다. 그러므로 학급 학생들의 건의사항이 있다면 대의원회에 전달해야 하고, 대의원회 안건을 공지 받으면 대의원회가 열리기 전에 학급 학생들의 의견을 모아야 합니다.

학생회장, 부학생회장, 학생회 각부의 부장과 차장뿐만 아니라 학급회의 회장도 대의원이므로 임기 중 학교 내의 봉사 이상의 징계를 받으면 해임될 수 있습니다.

2
학생 선도위원회 운영 규정 중 <학생 생활교육 기준표>의 주요 내용

정당한 지도란 학칙에 근거한 지도를 의미합니다. 예를 들어 교사가 두발 길이를 짧게 하도록 요구한다면 그것은 학칙에 근거하지 않은 지도이므로 정당하지 않은 지도지만 염색이나 탈색한 학생에게 본래 머리색으로 염색하고 오도록 요구하는 것은 학칙에 근거한 정당한 지도입니다. 교사가 정당한 지도를 했음에도 불구하고 따르지 않거나 반항하는 학생을 학생생활교육조치(선도조치)하는 이유는 무엇일까요? 방치할 경우 그 학생은 학칙을 따르지 않아도 된다고 생각하며 학칙을 어길 가능성이 높아지기 때문입니다. 또한 주변 학생들도 그 학생의 영향을 받아 학칙에 따르지 않게 될 가능성이 높아지기 때문입니다.

2. 교사에게 불손한 언행을 하거나 신체적 위해나 위압을 가한 행위

2항은 교권 침해 행위를 할 경우 학생생활교육 조치한다는 내용입니다.

교권 침해 행위에 대해서는 엄격하게 징계합니다. 왜 그럴까요? 교사의 업무가 학생을 지도하는 것이기 때문입니다. 어떤 교사가 학생으로부터 무시, 조롱, 모욕, 명예훼손, 협박, 폭행 등을 당하게 되면 다른 학생들도 그 교사를 함부로 대하게 될 가능성이 높아집니다. 그렇게 되면 교사는 학생 지도 업무를 정상적으로 수행하기 어려워지고 학교는 무질서해지며 그로 인해 다른 학생들도 피해를 입게 됩니다.

3. 언행이 불량하여 주민으로부터 학교에 진정 또는 통보된 행위

○○고등학교 학교 생활 인권규정은 소속 학생들에게 학교 밖에서도 언어예절, 행동예절을 지킬 것을 요구합니다. 학교 밖에서 언행이 불량한 학생을 본 주민 대부분은 학교에 그 사실을 알리지, 경찰에 신고하지 않습니다. 학교에서 교육적으로 지도해 주기를 바라기 때문입니다. 그러므로 학생들은 학교 안에서든 밖에서든 언어예절, 행동예절을 지켜야 합니다.

4. 학기별로 복장 규정을 5회 위반하는 행위

학기별로 복장규정을 5회 위반할 경우 학생생활교육조치를 받게 됩니다. 교복제도가 표현의 자유를 침해한다며 반대하는 사람도 있지만 그보다 더 많은 사람들이 여러 가지 이유로 교복제도를 원하고 있습니다.

교육공동체가 교복을 채택했으므로 규정이 허용하는 범위 안에서 바르게 입는 것이 적절할 것입니다.

7. 공공장소에서 욕설, 고성 및 분노 표현 등으로 타인에게 불쾌감을 주는 행위

학교는 공공장소입니다. 공공장소에서 욕설을 하면 타인에게 불쾌감을 줍니다. 욕설의 본래 목적이 타인을 비하하거나 조롱하거나 모욕하는 데 있기 때문입니다. 간혹 욕설이 친근감의 표현이라고 생각하는 학생도 있으나 사적인 장소에서 서로가 동의하는 수준의 욕설이라면 몰라도 다른 학생, 교사가 들을 수 있는 공공장소에서의 욕설은 불쾌감을 주므로 부적절합니다. 친근감의 표현으로 욕설을 사용하는 것도 바람직한지 돌아보아야 합니다. 내가 함부로 말하더라도 친구가 견뎌주어야 한다는 생각은 이기적이고 폭력적입니다. 소중한 친구일수록 더욱 존중해 주어야 하지 않을까요? 친구를 편하게 대하고 있음을 꼭 욕설로 표현해야 할까요? 다른 방법을 찾아보도록 권합니다.

14. 급식시간에 질서를 지키지 않아 타인에게 피해를 주는 행위(새치기 등)

공연 티켓을 구입하기 위해 줄을 서거나 맛집 앞에서 줄 서서 기다릴 때 새치기하는 사람을 보는 건 흔치 않습니다. 새치기하면 다른 사람들이 눈살을 찌푸리고 항의하기 때문입니다. 그러나 학교에서 급식시간에 새치기 하는 학생들은 흔합니다. 다른 학생들이 기분 나쁘더라도 내색하지 않기 때문입니다. 새치기는 자기 차례가 올 때까지 참고 기다리는 사람에게 허탈함을 안겨줍니다. 또 다른 새치기를 불러오고 심할 경우 질서를 지키는 것이 어리석은 것처럼 보이게 합니다.

15. 수업 중 (허락 없이) 휴대 전화 사용 및 화장을 하는 행위(3회 이상)

수업 중에는 가르치고 배우는 일이 가장 우선시되어야 합니다. 휴대 전화를 사용하거나 화장을 하는 것은 수업에 참여하지 않는 것입니다. 뿐만 아니라 선생님이 해당 학생을 지적하는 동안 수업 흐름을 끊기게 하므로 교사의 가르칠 권리와 학생의 배울 권리를 간접적으로 침해하는 행위입니다.

영국 런던 정치경제대학 연구팀의 연구결과에 따르면 휴대 전화를 소지하는 것만으로도 수업에 집중하는데 어려움을 겪는 학생이 많다고 합니다. 프랑스는 법으로 2018년 9월 3일부터 6~15세 학생이 학교에서 휴대폰을 사용할 수 없게 했습니다. 학교별로 결정하는 우리나라와는 사뭇 다릅니다. 사용할 수 없게 하는 이유는 학업에 집중하는데 방해가 되고 사이버 따돌림의 우려가 있기 때문이라고 합니다.

17. 교사의 허락 없이 수업을 거부하는 행위

학교는 학생 교육을 위해 존재하는 기관입니다. 학생이 특별한 이유 없이 수업을 거부하는 행위는 용납되지 않습니다. 그러므로 "어차피 저는 대학 안 갈 건데요. 졸업장만 있으면 돼요."와 같은 말은 부적절합니다.

원칙적으로 졸업장은 3년간의 교육을 정상적으로 받았다는 것을 증명해주는 증서입니다. 그러므로 수업은 받지 않고 졸업장만 얻겠다는 태도는 상식적이라고 볼 수 없습니다.

22. 무단(사고) 결석·조퇴·결과·지각의 합이 7회 이상 되는 경우(추가: 또

는 무단결석 5일 이상 되는 경우)

학교 생활을 불성실하게 하는 데 대해 책임을 묻는 조항입니다.

25. 흡연하는 행위 {흡연하는 행위는 교내외에서 담배, 전자담배를 직접 피우는 행위뿐만 아니라, 교내외에서 흡연도구 (담배, 라이터, 전자담배 등)를 소지하는 행위도 포함. 또한 흡연 동조 행위, 망을 봐주는 행위 등도 흡연으로 간주함.

흡연 행위 그 자체에 대해서만 징계를 할 경우 흡연 현장을 직접 적발한 경우 외에는 흡연을 했더라도 밝히기가 어렵습니다. 그래서 흡연도구를 소지하고만 있어도 징계 대상으로 삼는 것입니다. 마치 수능 시험 때 휴대 전화를 가지고 있기만 해도 부정행위를 한 것으로 간주하는 것과 같은 이치라고 보면 됩니다.

31. sns 및 인터넷 상에서 자신의 퇴폐 행위(흡연, 음주, 욕설, 문신과시 등)를 게시하는 행위

간혹 페이스북 등에 음주, 흡연 장면을 생방송으로 올리거나 게시물로 올리는 학생이 있습니다. 음주나 흡연 자체가 허용되지 않는 행위일 뿐만 아니라 그것을 sns에 올림으로써 보는 사람에게 불쾌감을 주거나 다른 학생들로 하여금 모방욕구를 불러일으킬 수 있습니다.

42. 몸에 문신을 하거나 드러내 혐오감을 주는 학생

　최근 젊은 사람들 사이에 문신이 유행처럼 번지고 있습니다. 신체의 일부에 작은 그림이나 문장 등을 새겨 넣는 데 대해서는 거부감도 많이 줄어들었고 오히려 멋있다고 생각하는 사람이 많아졌습니다. 하지만 넓은 범위에 화려한 그림을 그려 넣는 문신에 대해서는 아직까지 부정적으로 보는 사람이 많습니다. 동서양을 막론하고 고대에는 문신 문화가 일반적이었다고 합니다만 국가, 종교가 자리 잡으면서는 대부분의 국가에서 문신을 금지했습니다. 죄 지은 사람에게 수치심을 느끼게 할 목적으로 강제로 문신을 새기는 정도만 가능했습니다. 오랜 세월 문신이 금지되어서 그런지 지금도 문신을 부정적으로 보는 사람이 많습니다. 이러한 시각도 시간이 흐르면 어느 쪽으로든 변하게 될 것입니다. 젊은 사람들 사이에 문신이 유행하는 것이 이러한 변화를 보여준다고 볼 수 있겠습니다. 하지만 아직은 부정적으로 보는 사람이 더 많은 듯합니다. 특히 학생의 문신에 대해서는 더 그렇습니다. 대부분의 문신 업자들도 미성년자에게 문신을 해주는 것에 대해서는 부적절하게 여긴다고 합니다.

　아, 중요한 것 한 가지를 빼먹을 뻔했네요. 의료인이 아닌 자의 문신 시술은 현행법상 불법입니다. 문신 시술은 법적으로 의료행위로 분류되는데 의료행위는 의료인만 할 수 있기 때문입니다. 문신 업계에서는 문신 시술을 법으로 금하고 있는 국가는 한국과 일본이 유일하다며 문신 시술의 합법화를 추진하고 있습니다만 아직까지는 불법으로 되어 있습니다. 의료계는 피부에 미치는 악영향, 감염위험 등의 문제를 들어 문신 시술의 합법화에 반대하고 있습니다. 학교에서 문신을 금하는 것은 문신을 부정적으로 보는 사람이 많기 때문이기도 하지만 현행법 상 의료인이 아닌 자의 문신 시술이 불법이므로 시술받는 것도 부적절한 행위로 보기 때문일 것입니다.

43. 동일 사안으로 선도위원회에 회부된 때에는 다음 단계의 선도 내용을 단계적으로 적용

학생생활교육조치를 받았음에도 불구하고 동일 사안으로 학생생활교육위원회에 회부되면 반성하지 않은 것으로 보며 학교 생활 인권규정을 준수하려는 의지가 부족한 것으로 판단합니다. 그 때문에 다음 단계의 조치를 적용하는 것입니다. 이 조항의 또 다른 목적은 동일한 잘못을 저지르지 않도록 예방하려는 것입니다.

47. 모든 선도 내용은 고교 생활 동안 관리하고 이를 참조하여 학생생활교육처분한다.

어떤 학교의 경우에는 선도 내용을 1년 단위로 갱신합니다. 즉, 같은 학년 안에서는 동일 사안으로 학생생활교육위원회에 회부될 경우 다음 단계의 선도 내용을 적용받지만 학년이 올라가면 처음 회부된 것처럼 적용받습니다. 선도 내용을 1년 단위로 갱신하는 학교 학생들은 이렇게 적용된다는 점을 이용하여 학교 생활 인권규정을 어기는 데 대해 대수롭지 않게 여깁니다. 우리 학교는 선도 내용을 3년 간 관리함으로써 이 같은 문제가 발생하지 않게 하고 있습니다.

48. 모든 선도 내용은 반성의 모습에 따른 행동의 변화를 참조하여 적용한다.

선도 처분도 교육의 과정입니다. 규정을 어기면 그에 합당한 책임을 져야 한다는 것을 가르치는 것이기 때문입니다. 학생이 자신의 잘못을 인정하고 부끄러워하며 책임지려는 모습을 보일 경우 선도위원회는 처분의 수위를 낮출 수도 있습니다. 형사 재판에서도 판사가 여러 가지 사정을 헤아려 형벌을 가볍게 해 주기도 하는데 이를 정상 참작이라 합니다.

3.
학생 용의·복장 규정의 주요 내용

제3조(지도) 이 규정에 따라 본교 교사는 학생들을 교육적으로 지도할 수 있다. 지도 시 필요한 경우 위반 학생의 용품을 일시 보관할 수 있다.

어떤 학생이 규정에 명시된 복장 이외의 사복을 착용하고 있다면 교사는 사복을 벗도록 지도합니다. 그런데 어떤 학생은 지도받은 뒤에 교사의 눈을 피해 다시 사복을 착용하기도 합니다. 이 때문에 교사는 용의·복장 규정 위반 학생의 용품을 일시 보관하기도 합니다. 대개 적발 시점부터 일과 시간 마칠 때까지 보관했다가 돌려주는데 보관 기간이 어느 정도인지 명시되어 있지 않은 점은 추후 규정 개정을 통해 보완할 필요가 있지 않나 싶습니다.

> 제6조(두발) 학생 두발 자율성을 인정하되 아래 해당하는 경우 선도 기준을 정하여 지도한다.
> 1. 파마 : 파마를 할 수 없다.
> 2. 염색 : 검은색이 아닌 다른 색으로 염색을 해서는 안 된다.
> 3. 탈색 : 파마, 염색, 드라이 등의 이유로 두발의 일부가 본래의 색상과 다른 경우 지도교사의 지도에 따라 개선을 하여 지도교사의 확인을 받는다.
> ※ 연예 활동, 두부 상처, 선천적 두발 특성 등 불가피한 경우 학교장의 승인 후 예외로 할 수 있다.

　우리 학교에서는 파마, 검은색을 제외한 다른 색으로 염색하는 것, 탈색을 금하고 있습니다. 간혹 고데기를 사용하여 파마한 것처럼 머리를 꾸미는 학생도 있는데 파마한 것과 다름없으므로 허용되지 않습니다.

> 제8조 (착용 기간) 교복 착용 기간은 원칙적으로 다음과 같이 정하되, 기상(일기) 상황에 따라 학생이 체감하는 온도차를 고려하여 자유로운 착용을 허용한다.
> 1. 동복은 11월 1일 ~ 다음 해 4월 30일까지 착용한다.
> 2. 혹한기(12월 1일 ~ 2월 28일)에 한해서 목폴라 티셔츠를 입을 수 있다.
> 3. 하복은 6월 1일 ~ 9월 30일까지 착용한다.
> 4. 춘추복은 5월 1일 ~ 5월 30일까지, 10월 1일 ~ 10월 31일까지 착용한다.

Y셔츠 블라우스	• 흰색 계열의 옷을 안에 받쳐 입도록 권장함 • 혹한기(12~2월) 목폴라 착용 가능 (항목삭제) • 하복 착용 시 여학생의 경우 개인차를 고려하여 학생 생활 안전부장의 승인 하에 남학생용 와이셔츠 착용을 허용할 수 있다.
	• 지정된 Y셔츠 / • 지정된 블라우스

동복, 하복, 춘추복의 착용 기간이 정해져 있기는 하나 학생 개인이 느끼는 온도차에 따라 자유롭게 입을 수 있습니다. 하복 착용 시 여학생이 남학생용 와이셔츠를 입는 경우가 있습니다. 이는 예외적인 경우로 학생생활안전부장 선생님께 사정을 설명하고 승인을 받아야 합니다.

재킷 (마이)	• 지정된 색깔(검정색 계통) 및 디자인 • 혹한기 등의 기상 상황에 따라 학교장의 승인 후에 한시적으로 마이 대신 보온성이 좋은 외투를 착용할 수 있다.	
조 끼	• 지정된 색깔 (남: 곤색, 여: 곤색, 교복색)	• 카디건은 자율 선택에 의해 착용
카디건	• 진한 카키색 / 베이지색 라인	• 카디건과 조끼 중 선택하여 1개는 반드시 착용(단, 혹한기 터틀넥·폴라T 착용시 제외)

교장 선생님께서 승인하실 경우 마이를 입지 않고 사복 외투를 입을 수 있습니다. 그러나 현재는 마이만으로는 추위를 느낀다면 마이 위에 외투를 착용하도록 하고 있습니다.

간혹 춘추복 입는 시기에 춘추복만으로 추위를 느낄 경우 춘추복 위에 사복 외투나 체육복을 입어도 되는지 묻는 학생이 있습니다. 이는 허용되지 않습니다. 우리 학교는 학생이 체감하는 온도에 따라서 춘추복 입는 시기에도 동복을 입을 수 있습니다. 그러므로 춘추복만으로 춥다고 느낀다면 사복 외투가 아니라 마이를 입어야 합니다.

학교생활규정 교육자료

학교생활인권규정에 대한 학생들의 의문과 그에 대한 답변

1
학교 생활 규정,
왜 알아야 하죠?

학생이 보장받아야 하는 권리와 지켜야 하는 의무를 규정함으로써 교육의 목적을 실현하기 위해 만들어진 것이 학교 생활 인권규정입니다.

학교 생활 규정을 알아야 자신의 권리를 보장받을 수 있으며 의무를 다할 수 있습니다. 학교 구성원 모두가 학교 생활 규정을 지키는 것이 평화로운 학교를 만드는 시작이라고 할 수 있습니다.

학교 생활 규정은 학생이 다른 학생이나 교사의 권리를 침해하는 경우, 의무를 소홀히 하거나 이행하지 않는 경우 어떤 지도나 처벌을 받게 되는지도 안내하고 있습니다.

2
초등학교에서는
학교 생활 규정을 모르고도 잘 살았는데요?

'법 없이도 살 사람'이라는 말이 있습니다. 누가 봐도 도덕적이어서 법을 어길 리가 없는 사람이라는 뜻이지요. 그러나 세상이 복잡해지면서 상황과 장소에 따라 지켜야 할 것이 제각기 달라졌습니다. 학교에서 지켜야 할 것, 상점에서 지켜야 할 것, 학원에서 지켜야 할 것, PC방에서 지켜야 할 것이 다릅니다. 또한 사람들의 가치관도 다양해져서 내가 당연하게 생각하는 것을 다른 사람은 당연하지 않다고 생각할 수 있습니다.

과거에 선생님들은 학교 생활 규정을 몰라도 괜찮았습니다. 선생님이 보기에 옳지 않은 행동을 하는 학생이 있다면 선생님은 각자의 방식대로 학생을 지도했습니다. 체벌도 흔했습니다. 학생은 선생님이 어떻게 지도하든 따르는 것이 당연하다 여겼습니다. 그러나 지금은 가치관도 제도도 그 시절과는 다릅니다. 학부모와 학생의 권리의식이 높아졌고, 각자가 생각하는 상식도 서로 다를 때가 많습니다. 내가 생각하는 상식이 학교 생활 인권규정에서는 상식이 아닐 수도 있습니다. 그러므로 교사, 학생, 학부모 모두가 학교 생활 규정에 대해 잘 알아야 합니다.

여러분이 학교 생활 규정을 모르고도 잘 살았다면 사실은 잘 산 게 아닐지도 모릅니다. 규정보다는 힘이 지배하는 문화 속에서 그것을 당연히 여기며 살았기 때문에 잘 지냈다고 생각하는 것일 수도 있으니까요. "목소리 큰 사람이 이기는 거지."라는 말에 대해 어떻게 생각하나요? 이 말에 고개가 끄덕여진다면 힘이 지배하는 문화를 당연히 여기는 것입니다. 민주주의 사회는 사회구성원들이 민주적으로 토론하고 합의하여 만든 법과 규정이 지배하는 사회이지 힘센 사람이 지배하는 사회가 아닙니다. 인류는 수많은 사람들의 희생을 통해 민주주의를 만들어냈습니다.

'수업 방해하는 애들도 있는 거지.', '다들 욕하고 사는데 나도 할 수 있지 뭐 어때?', '수학 선생님은 자도 뭐라고 안 하는데 국어 선생님은 왜 자꾸 깨우지? 국어 선생님 이상해.'와 같은 생각이 당연하다고 생각하나요? 학교 생활 규정을 보고 나면 당연하지 않다는 것을 알게 됩니다.

3
의무만 잔뜩 있지
권리는 없잖아요?

헌법을 보면 신체의 자유, 거주·이전의 자유, 직업 선택의 자유, 사생활의 자유 등 국민의 권리를 보장하는 조항들이 있습니다. 그러나 이러한 권리가 있다는 것을 선언하는 것만으로는 권리가 보장되지 않습니다. 다른 사람들이 내 사생활에 간섭하지 말아야 내 사생활의 자유가 보장되고, 내가 다른 사람의 사생활을 침해하지 말아야 다른 사람들이 사생활의 자유를 보장받습니다. 여러 법률에서 사생활의 자유를 침해한 사람을 처벌하는 조항을 만든 이유가 여기에 있습니다.

흡연하지 말아야 하는 규정을 지켜야 모두가 건강권을 보장받을 수 있으며, 새치기를 하지 말아야 급식 질서가 유지됩니다. 그러므로 학교 생활 인권규정이 어떤 행위를 금하고 있다면 그것은 그와 관련한 권리를 보장하기 위한 것입니다. 겉보기에 권리 보장을 위한 조항이 별로 없는 반면 지켜야 할 조항만 많다고 해서 권리가 보장되지 않는 것은 아닙니다. 오히려 지켜야 할 조항들을 통해 모두의 권리가 보장되는 것입니다.

4
받아들이기 어려운 조항들도 있는데 따라야 하나요?

각자가 가진 가치관에 따라서 어떤 조항은 부적절하다고 생각할 수 있습니다. 법률에 대해서도 마찬가지입니다. 그래서 법도 개정할 수 있고 학교 생활 규정도 개정할 수 있습니다. 다만 개정하려면 일정한 절차를 따라야 하고 그 절차는 학교 생활 규정에 명시되어 있습니다.

한 가지 주의해야 하는 점은 적법한 절차에 따라 만들거나 개정했더라도 상위법령에 위배된 조항은 효력이 없다는 것입니다.

5

학생의 의견을 반영한다더니
학생이 원하는 대로 되는 거 거의 없던데요?

학생의 의견을 반영한다는 말은 학생이 원하는 대로 해준다는 말이 아닙니다. 교사나 학부모나 교장 선생님이 원하는 대로만 하지 않고 학생의 의견도 고려하여 결정한다는 말입니다. 학생도 교사도 의견을 제시할 수 있습니다. 그 의견이 일정한 요건을 갖추면, 예를 들어 어떤 학생이 제시한 의견이 학생 대의원회의 논의를 통해 채택되면 [학교 생활 규정개정심의위원회] 안건으로 상정됩니다. [학교 생활 규정개정심의위원회]에서 통과되고 [학교운영위원회]의 심의를 통과하면 학교장의 승인을 거쳐 확정됩니다. 최초에 제시된 의견은 학생 대의원회의에서 수정될 수도 있고 부결될 수도 있습니다. 학생 대의원회의를 통과한 경우에도 [학교 생활 규정개정심의위원회]에서 수정되거나 부결될 수 있습니다. 민주주의사회에서 법이나 규정은 집단적 심사숙고의 과정을 거쳐서 제정되거나 개정되기 때문에 많은 시간과 노력을 필요로 합니다.

6

왜 교사 생활 규정은
없나요?

교사가 지켜야 할 것들은 국가공무원법, 교육공무원법, 교육기본법,

교육공무원징계령 등 상위 법령에 따로 명시되어 있기 때문입니다. 또한 교육부나 교육청의 지침, 학칙 중에서 학업성적관리규정 등을 준수해야 합니다.

7
왜 선생님들은 안 지켜도 되는 걸 우리는 지켜야 하죠?

이렇게 말하는 학생이 있습니다. "왜 우리만 교복을 입어요?", "선생님들도 화장하면서 왜 우리만 못하게 하죠?" 세상에는 연령에 따라 하는 일에 따라 지켜야 할 법규가 따로 존재하기도 합니다. 물론 모든 사람들에게 동일하게 적용되는 법규도 있습니다. 예를 들면 교통질서는 누구나 지켜야 합니다. 학생에게 교복을 착용하도록 하는 것은 여러 가지 이유로 그것이 바람직하다고 생각하는 학교 구성원이 많기 때문입니다.

만약 교복을 없애자는 데 동의하는 사람이 더 많다면 우리 학교는 교복을 입을 필요가 없습니다. 화장의 경우도 마찬가지입니다. 대체로 청소년 시기까지는 화장을 하지 않거나 하더라도 진하게 하지 않는 것이 좋다는 생각에 대부분의 구성원이 동의하기 때문에 화장을 금지하거나 제한하는 것입니다. 피부 건강에 안 좋기 때문이라고 말하는 사람도 있고 화장에 지나치게 신경 쓰는 것이 바람직하지 않아서라고 생각하는 사람도 있습니다. 각자 중요하게 여기는 이유는 다를 수 있으나 어쨌든 화장을 금하거나 제한적으로 할 수 있도록 하는 것이 바람직하다는 데 동의하는 구성원이 많기 때문에 현재와 같은 규정이 있다고 보면 됩니다.

대한민국은 만 19세 이상인 사람에게 선거권을 부여해 왔습니다. 즉, 만 19세가 되어야 국회의원, 대통령 등을 뽑을 만한 판단력이 생긴다고 본 것입니다. 꼭 19세 이상이 되어야만 판단력이 생기는 것은 아닙니다. 누구는 17세에도 충분한 판단력을 가질 수 있고 누구는 23세가 되어도 판단력이 부족할 수 있습니다. 국가별로도 기준 연령이 다른데, 어떤 국가는 만 18세 이상이면 선거권을 부여합니다. 어쨌든 법규는 개인차를 고려하는 데 한계가 있기 때문에 일정한 기준을 만들 수밖에 없습니다. 17세가 적절한지 19세가 적절한지 명확하게 판단할 수는 없지만 7살 어린이에게 선거권을 주는 것이 부적절하다는 것에 대해서는 대부분의 사람들이 동의합니다.

"학생은 교복을 입어야 한다.", "색조화장은 금지한다."와 같은 규정은 누구도 부정할 수 없는 절대적 규범은 아닙니다. 사회적 합의에 의해 만들어진 규범입니다. 사회 구성원 다수가 기존의 규범이 부적절하다는 데 동의한다면 규범도 바뀔 수 있습니다. 최근 우리나라에서도 선거 연령을 낮춰야 한다는 주장에 공감하는 사람이 많아졌고 결국 만 18세로 변경되었습니다.

8
밖에서 처벌받았는데
왜 학교에서 다시 징계하는 거죠?

그런 일은 없어야 하겠지만 어떤 학생이 도박을 했다고 해 봅시다. 경찰에 의해 사실이 밝혀졌다면 이 학생은 관련법에 의해 처벌을 받게 됩니다. 학교 생활 규정에 도박과 관련한 처벌 조항이 있다면 여기에서 끝나지 않고 선도 처분도 받게 됩니다.

간혹 형법에 의해 처벌받았는데 왜 학교에서도 징계를 하냐면서 "이중처벌이 아니냐?"고 묻는 학생도 있습니다. 헌법 제13조는 '이중처벌 금지의 원칙'을 밝히고 있습니다. 그러나 이는 동일 사안으로 형사처벌을 두 번 이상 받을 수 없도록 한다는 뜻이지 형사처벌 이외에 다른 조치를 모두 할 수 없다는 뜻은 아닙니다. 학생이 교육적으로 부적절한 행동을 할 경우 학교는 형사처벌과 별도로 징계조치를 할 수 있습니다. 초중등 교육법 제31조에 그 근거가 마련되어 있습니다. 학생뿐만 아니라 교사, 일반 직장인들도 범법 행위에 대해 유사한 방식으로 조치될 수 있습니다. 예를 들어 교사가 음주운전을 하다가 적발되었다면 도로교통법에 의해 불이익을 받는데서 끝나지 않고 [교육공무원 징계양정 등에 관한 규칙]에 따라 징계를 받게 됩니다. 그렇다면 왜 법적 처벌과 별개의 징계조치가 있는 것일까요? 직무수행에 방해가 되거나 구성원들에게 부정적인 영향을 미치기 때문입니다.

9
개인의 선택에 맡겨야 하는 사항까지
왜 학교가 간섭하는 거죠?

"화장(피어싱, 문신, 파마 등)을 한다고 해서 누구한테 피해를 주는 것도 아니잖아요? 화장을 하건 말건 자기 마음 아닌가요?", "저는 면허도 있는데 왜 오토바이 못 타게 하죠?"

많은 사람들이 남에게 피해만 주지 않으면 뭘 하든지 괜찮다고 생각합니다. 그렇다면 자동차 탑승 시에 안전띠를 맬지 여부도 개인의 선택에 맡겨야 할까요? 실제로 그렇게 생각한 사람이 있었습니다. 그는 안전띠 착용을 의무화한 법조항을 없애달라고 헌법재판소에 요청했습니다. 결과는 어떻게 됐을까요? 헌법재판소는 안전띠를 매지 않을 자유보다 생명권, 공동체 상호 간의 이익이 우선한다면서 안전띠 착용을 의무화한 법조항에 문제가 없다고 판단했습니다. 타인에게 직접적인 피해를 주지 않더라도 권리가 제한될 수 있습니다. 학교에서는 교육기관의 특성에 따라 직장에서는 각 직장의 특성에 따라 일부 권리가 제한됩니다. 학생이 교복을 착용해야 하듯 어떤 업무에 종사하는 사람은 정해진 유니폼을 입어야 합니다. 무슨 옷을 입든 타인에게 피해를 주는 것은 아님에도 불구하고 말이지요.

어떤 권리를 제한하는 데 있어서 고려되는 요소는 '타인에게 피해를 끼치는가?' 이외에도 여러 가지가 있습니다. 과연 어떤 요소들이 고려되고 있을까요? '교육 목적 실현에 방해가 되는가?', '다른 학생에게 부정적인 영향을 미치는가?', '생명(건강)에 위협이 될 수 있는가?', '사회일반의 윤리의식 또는 통념에 위배되는가?' 등이 있습니다. 2018년 '어린이 식생활 안전관리특별법'이 개정되면서 초·중·고교 내 자판기에서 카페인 음료 판매가 금지되었습니다. 이 법안을 대표 발의한 김상희의원은 "아이들의 건강"을 위한 법안이라고 하였는데 이는 건강권이 학생개인의 선택권보다 중시되었음을 의미합니다.

10
다른 학생도 규정을 어겼는데
왜 저만 불이익을 받아야 하죠?

어떤 학생이 수업 중 휴대 전화를 사용하다가 걸렸습니다. 주변에 있던 다른 학생들도 휴대 전화를 쓰고 있었음을 알았던 이 학생은 "왜 저만 잡아요? 다른 애들도 핸드폰 썼어요."라고 따졌습니다. 이 학생이 원하는 것은 무엇일까요? 휴대 전화를 사용한 다른 학생들에게도 동등하게 불이익을 주라는 것일까요? 아니면 다른 학생들에게 불이익을 주지 않았으니 자신도 봐 달라는 것일까요? 둘 중 어느 쪽이든 이 학생의 주장, 설득력 있나요? 그렇지 않습니다. 선생님은 신이 아닙니다. 동시에 모든 학생을 관찰하는 것은 불가능합니다. 더구나 휴대 전화를 책상 밑에 두고 썼다면 누가 휴대 전화를 썼는지 확인하는 것은 더 어렵습니다. 걸린 학생의 시야에서는 휴대 전화를 사용한 다른 학생들이 더 잘 보입니다. 휴대 전화를 책상 아래에 두고 쓰더라도 옆쪽이나 뒤쪽에서는 훨씬 잘 보일 테니까요. 간혹 음주운전을 하다가 단속에 걸린 사람이 이렇게 말하기도 합니다. "방금 내 앞에 가던 차가 오른쪽 골목으로 꺾어 들어갔어요. 그 차 운전자도 음주운전 했을지도 몰라요. 안 그랬다면 갑자기 골목으로 들어갈 이유가 없어요. 그 사람은 왜 안 잡고 나만 잡습니까?"

경찰관이 오른쪽 골목으로 꺾어 들어간 차를 못 봤다고 해서 그것이 잘못일까요? 오른쪽 골목으로 들어간 차의 앞에 있던 차 운전자를 음주 측정하다가 못 봤을 수도 있고 다른 사정이 있었을 수도 있습니다. 경찰관이 보지 못한 차가 있다고 하여 경찰관에게 책임을 묻는다면 경찰관은 아무도 단속할 수 없을 것입니다. 단속에 걸린 사람은 단속을 피해 도망간 다른 사람이 있다고만 말하면 되니까요.

어떤 학생은 선생님이 자기에게만 불이익을 줬다는 데 대해 확신을 갖고 자기만 차별당했다고 말합니다. 물론 다른 학생도 휴대 전화를 썼다는 걸 알면서도 선생님께서 특정 학생에게만 불이익을 줄 가능성도 전혀 없진 않습니다. 하지만 선생님이 자기만 차별했다고 말하려면, 즉 교사에게 '차별하는 교사'라고 하려면 그 학생이 교사의 차별 행위를 증명해야 합니다. 차별하지 않은 교사에게 '차별하는 교사'라고 하는 것은 교사의 명예를 훼손하는 일입니다.

자, 선생님이 휴대 전화를 사용한 학생들 중 특정 학생만 발견했든, 여러 명이 사용한 걸 알면서도 특정 학생에게만 불이익을 주었든, 걸린 학생이 불이익을 피하기 위해 다른 학생도 사용했다고 거짓말을 했든 간에 걸린 학생이 휴대 전화를 사용한 것은 분명한 사실이고 그러므로 그에 합당한 책임을 져야 합니다. 자기만 적발됐다는 이유로 자기도 봐 달라고 요구하는 것은 부적절한 태도입니다. "불법의 평등은 주장할 수 없다."는 유명한 법률격언이 있습니다. 우리 헌법은 제11조에서 "모든 국민은 법 앞에 평등하다."라고 밝히고 있습니다. 이는 합법 행위에 대한 평등 원칙을 밝힌 것입니다. 불법 행위를 한 사람이 불법행위를 하고도 처벌받지 않은 사람과 평등하게 대우받을 권리, 즉 처벌받지 않을 권리를 언급한 것이 아닙니다.

간혹 이런 경우는 있을 수 있습니다. 특별한 이유 없이 정각 9시를 넘겨서 등교할 경우 미인정 지각처리하도록 되어 있는데 다른 반 선생님들은 이를 철저하게 지켰으나 2반 선생님은 9시 1분에 등교한 학생을 지각처리하지 않았다는 것이 명백하다면 그것은 2반 선생님의 잘못입니다. 9시 1분에 등교한 2반 학생도 미인정 지각처리 되어야 하는 것입니다. 반대로 2반에서 9시 1분 등교 학생을 미인정지각처리하지 않았다고 해서 다른 반 9시 1분 등교학생을 미인정 지각처리하지 않는 것은 옳지 않습니다.

11
어차피 걸렸으니
(규정 위반 행위를) 계속 하겠습니다

어차피 걸렸으니 휴대 전화를 계속 쓰겠다고 하거나 어차피 걸렸으니 계속 자겠다고 하는 학생이 간혹 있습니다. 어떤가요? 그럴 듯하게 들리나요? 규정 위반 행위로 체크당했거나 선도 처분을 받게 되었다면 그것은 그 시점까지의 규정 위반에 대해 책임을 지게 되는 것입니다. 그 시점 이후의 규정 위반 행위를 정당화해 주는 것이 아닙니다. 학교 생활 규정에서 어떤 행위를 했을 때 지도하거나 선도 처분하도록 하는 것은 그 행위를 못하게 하려는 것입니다. 이런 예를 들어 보면 이해가 더 쉬울 것입니다. 어떤 사람이 음주운전을 하다가 단속에 걸렸다고 해서 어차피 걸렸으니 계속 음주운전을 하겠다고 하면 경찰이 그러라고 할까요? 더 무거운 처벌을 받게 될 겁니다. 마찬가지로 학교에서도 규정 위반 행위에 대해 지적을 당했음에도 어차피 걸렸으니 그 행위를 계속한다면 교사의 정당한 지시에 따르지 않기 때문에 추가로 처벌을 받게 됩니다.

12
선생님,
지금 저 협박하시는 건가요?

"선생님의 말을 계속 무시하고 수업 시간에 돌아다닌다면 선도 처분을 요구하겠습니다." 대개는 이런 말을 들으면 학생은 선생님의 지시에 따릅니다. 그러나 때로는 이렇게 반응하는 학생도 있습니다. "선생님, 지금 저 협박하시는 건가요?" 이 학생의 말에 고개가 끄덕여지나요? 아니면 황당한 말로 들리나요?

국어사전에는 협박의 의미가 "겁을 주며 압력을 가하여 남에게 억지로 어떤 일을 하도록 함."이라고 나와 있습니다. 위 상황에서 겁을 주며 억지로 학생을 돌아다니지 못하게 한 선생님은 협박을 한 것일까요? 그렇지 않습니다. 선생님은 경고를 한 것이지 협박을 한 것이 아닙니다. 협박은 경고와 구별되어야 합니다. 형법 제283조는 "공포심을 일으키게 할 목적으로 상대방 또는 그 친족의 생명, 신체, 자유, 명예에 위해를 가할 것을 통고하는 범죄"가 협박이라고 밝히고 있습니다. 여기서 우리가 주목해야 할 단어는 '범죄'입니다. 범죄란 형벌을 부과할 필요가 있는 불법적 행위를 가리키는 말입니다. 선생님의 말은 범죄에 해당하나요? 선생님께서는 학생이 규정 위반 행위를 그만 하도록 요구하셨지요. 그러나 학생은 이에 따르지 않았습니다. 체벌을 하거나 힘을 써서 학생을 앉게 할 수는 없으므로 선생님은 정당한 지시에 따르지 않을 경우 선도 처분을 요구하겠다고 '경고'하신 것입니다. 경고란 "조심하거나 삼가도록 미리 주의를 주는 것"을 의미합니다. 유사한 예를 들어 보겠습니다. 경찰은 수시로 음주 단속을 합니다. 간혹 음주 측정을 거부하는 사람도 있다는데 이 때 경찰관은 음주 측정을 거부할 경우 법에 의해 처벌받을 수 있음을 안내합니다. 이 경찰관이 운전자를 협박했나요?

네, 이는 협박이 아니라 경고입니다.

13
사과했잖아요.
근데 처벌한다고요?

사과하는 것이 곧 책임지는 것이라고 생각하는 학생이 있습니다. 그러나 사과는 자신의 잘못으로 피해를 입은 사람 앞에서 잘못을 인정하고 왜 그랬는지 해명하며 앞으로 그러지 않겠다고 약속하는 것이지 책임지는 것은 아닙니다. 사과를 했으니 책임지지 않겠다고 하는 것은 책임지기 싫어서 사과한 것에 불과합니다. 모욕감을 느끼게 함으로써 피해자를 더욱 화나게 하는 것입니다. 사과가 진심이라면 벌을 달게 받겠다는 마음을 가져야 합니다.

진심으로 반성하고 사과한 뒤에 처벌을 감수하겠다는 마음을 가지면 처벌 수위가 낮아질 수는 있습니다. 이를 '정상 참작'이라 합니다. 실수였거나 어쩔 수 없는 사정이 있었거나 진심으로 사과하고 피해자가 이를 받아들인 경우 등에 처벌을 가볍게 해 주는 것인데 어쨌든 잘못을 했으므로 책임을 면할 수는 없습니다.